図説

帝政ロシア

光と闇の200年

土肥恒之

河出書房新社

図説

帝政ロシア

光と闇の200年

目次

＊本書では、1918年の改暦までは、ロシア暦を使用している。
したがって18世紀では11日、19世紀では12日、1900年から1918年１月31日までは13日足せば西暦となる。

青銅の騎士像：ピョートル大帝を称えた青銅の騎士像はエカテリーナ２世の要請によってフランス人ファルコネによって製作された。1833年には詩人プーシキンによる格調の高く力にあふれた叙事詩「青銅の騎士」が書かれた。サンクト・ペテルブルクを象徴する像である。Photo by AFLO

はじめに

帝政ロシアの二〇〇年

光と闇

ロシア帝国は約二〇〇年の歴史をもっています。正確にはピョートル大帝末の一七二一年からニコライ二世が退位した一九一七年までですから、一九六年になります。

比較的短い期間ではありますが、「光と闇」が交錯するロシアの歴史のなかでも最も色彩ゆたかな時代であったように思います。現在のエルミタージュ美術館に代表される多くの豪華な宮殿や一握りの貴族たちの信じられないほどの奢侈生活と民衆の「どん底」生活だけをさしているわけではありません。

作家トルストイは数々の世界的な名作を生みだしながら、後年自分の全作品を否定しました。戦争の野蛮を告発する名

トロイツェ・セルギエフ修道院：モスクワの北のセルギエフ・ポサードにある修道院で、創建は14世紀半ばである。ロシア統一のシンボルとして歴代のモスクワ諸公や皇帝たちが巡礼に訪れた名刹で、写真はウスペンスキー聖堂。敷地には神学アカデミーなどの施設もある。

画「戦争礼賛」を発表して、ときの皇帝から「ゴロツキか狂人」と罵られた画家ヴェレシチャーギンは、かつてその軍功によって名誉ある「聖ゲオルギー勲章」を授与された帝国軍人でした。
神に仕えているはずの教会の司祭たちの多くが強欲で酔っ払いというひどい状態でしたが、彼らのなかから社会改革に献身する知識人が現れたことも見落とすことができません。農民たちは革命宣伝のために村に入ってきたインテリたちを警察に突き出す一方、豊かになった商人ブルジョアは慈善活動に大金を注ぎます。
帝政ロシアは、かつて暗い側面ばかり強調されてきましたが、それはどう見ても一面的です。私たちは本書で改めてこの魅力あふれる社会の「光と闇」の実相に迫ることにしましょう。

ヨーロッパとアジアの間

ロシアは最盛期である一八八〇年代には世界最大の版図《はんと》をもつ大帝国でした。大英帝国がこれを上回る広い範囲を占めていた一時期もありますが、その領土は地球上に文字どおり散在していました。ロシア帝国の場合はそうではなく、ひとつながりです。

けれどもウラル以西のいわゆるヨーロッパ・ロシアが占めたのは版図の四分の一ほどで、残りはアジアにありました。ヴォルガ河はロシアを代表する「母なる大河」と歌われていますが、かつてはヨーロッパとアジアを隔てる大河であったのです。ロシアという国が「ヨーロッパとアジア」の間にあり、アジア・ロシアの問題を見逃すことができないことはこの点からも明らかです。

帝政ロシアは人口成長でも著しいものがあります。ピョートル大帝の末期には約一一〇〇万人と領土のわりには少ないのですが、十八世紀末には約三六〇〇万人と三倍以上となっています。さらに十九世紀末には一億二六〇〇万人と一世紀間で四倍弱となりました。

このような急激な膨張は自然増もありますが、領土の拡大が主たる要因であったのです。領土拡大を続けることによってロシアは数十もの民族をかかえる「多民族国家」となりますが、それに比例して「ロシア人」の比重は低下していきます。十九世紀末に大ロシア人、ウクライナ人、ベロロシア人——この三者は言葉も信仰も「さほど」大きな違いはありません——をあわせても、帝国の人口の三分の二を占めているにすぎません。「大ロシア人」だけ取り出すと、約四五パーセントと半分を切ったのです。

ヨーロッパの憲兵

そして忘れてならないことは、以上のような帝政ロシアの拡大を支えていたのが軍事力であったということです。

十七世紀のロシアは南方をオスマン帝国、北方をバルト海帝国スウェーデン、そして西部国境を大国ポーランドと隣接する、領土こそ大きいけれども、「未開の」国家でした。しかも恐ろしく長い国境線を抱えていましたから、しばしば外からの侵略を受けていたのです。歴代の君主

中央アジア、トルキスタンでの攻防：画家ヴェレシチャーギン（1842〜1904）は元帝国軍人であるが、画家に転進してからは戦争の悲惨を克明に描いた多くの優れた絵画を残した。代表作の「トルキスタン・シリーズ」からの1枚。製作は1871年。88頁の「戦争礼賛」参照。

にとってそうした「劣勢」を挽回するためにも近代的な軍隊の創設とその強化は至上命題でした。

その過程は十七世紀三〇年代から始まりますが、これを完成させたのがピョートル大帝の治世です。ロシアはそのおかげで強敵スウェーデンとの大北方戦争に勝利し、そして数度にわたる「露土戦争」、つまりオスマン帝国との戦争にも勝利します。ナポレオンのロシア侵略にも耐え、一時は「ヨーロッパの憲兵」として恐れられたのです。

けれどもクリミア戦争ではイギリス、フランスという「自由な」先進国に大敗北を喫しました。そのことが社会の大改造、つまり「大改革」の時代に入るキッカケになります。同じことは半世紀後の日露戦争の敗北でも起こりました。「血の日曜日」事件に引き続く革命によって、ロマノフ朝の専制は立憲君主制への移行を余儀なくされます。そして最後に、第一次世界大戦では「パンと平和」を訴えたボリシェヴィキによる「十月革命」、つまり長きにわたる専制の転覆にまで至ったのです。

「並の尺度では計れない国」

十九世紀の詩人チュッチェフは「ロシアは頭だけでは理解できない、並の尺度では計れない」と書いています。しばしば引かれる一節ですが、加えてロシアは私たちが暮らす島国の日本とはあらゆる面で対照的ですから、理解は容易ではありません。けれども何とか理解する努力は続けていかなければなりません。本書の性格上あまり細部にわたることはできませんが、帝政期のロシア社会の特質を一緒に考えてみたいと思います。

ロマノフ王朝系図

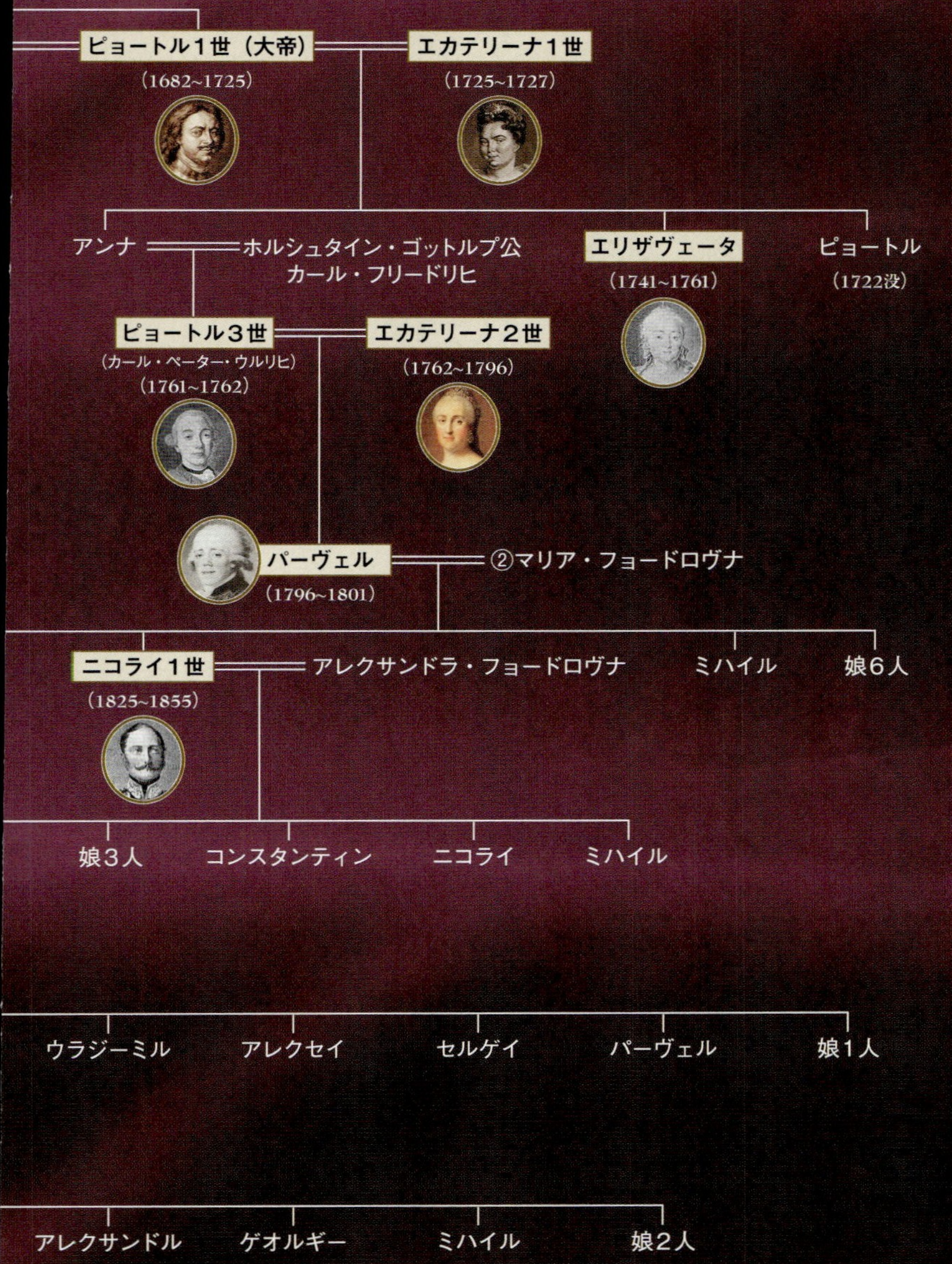
ピョートル1世（大帝）
（1682~1725）
エカテリーナ1世
（1725~1727）
アンナ
ホルシュタイン・ゴットルプ公
カール・フリードリヒ
エリザヴェータ
（1741~1761）
ピョートル
（1722没）
ピョートル3世
（カール・ペーター・ウルリヒ）
（1761~1762）
エカテリーナ2世
（1762~1796）
パーヴェル
（1796~1801）
②マリア・フョードロヴナ
ニコライ1世
（1825~1855）
アレクサンドラ・フョードロヴナ
ミハイル
娘6人
娘3人
コンスタンティン
ニコライ
ミハイル
ウラジーミル
アレクセイ
セルゲイ
パーヴェル
娘1人
アレクサンドル
ゲオルギー
ミハイル
娘2人

＊黒字は皇帝
＊数字は在位をあらわす

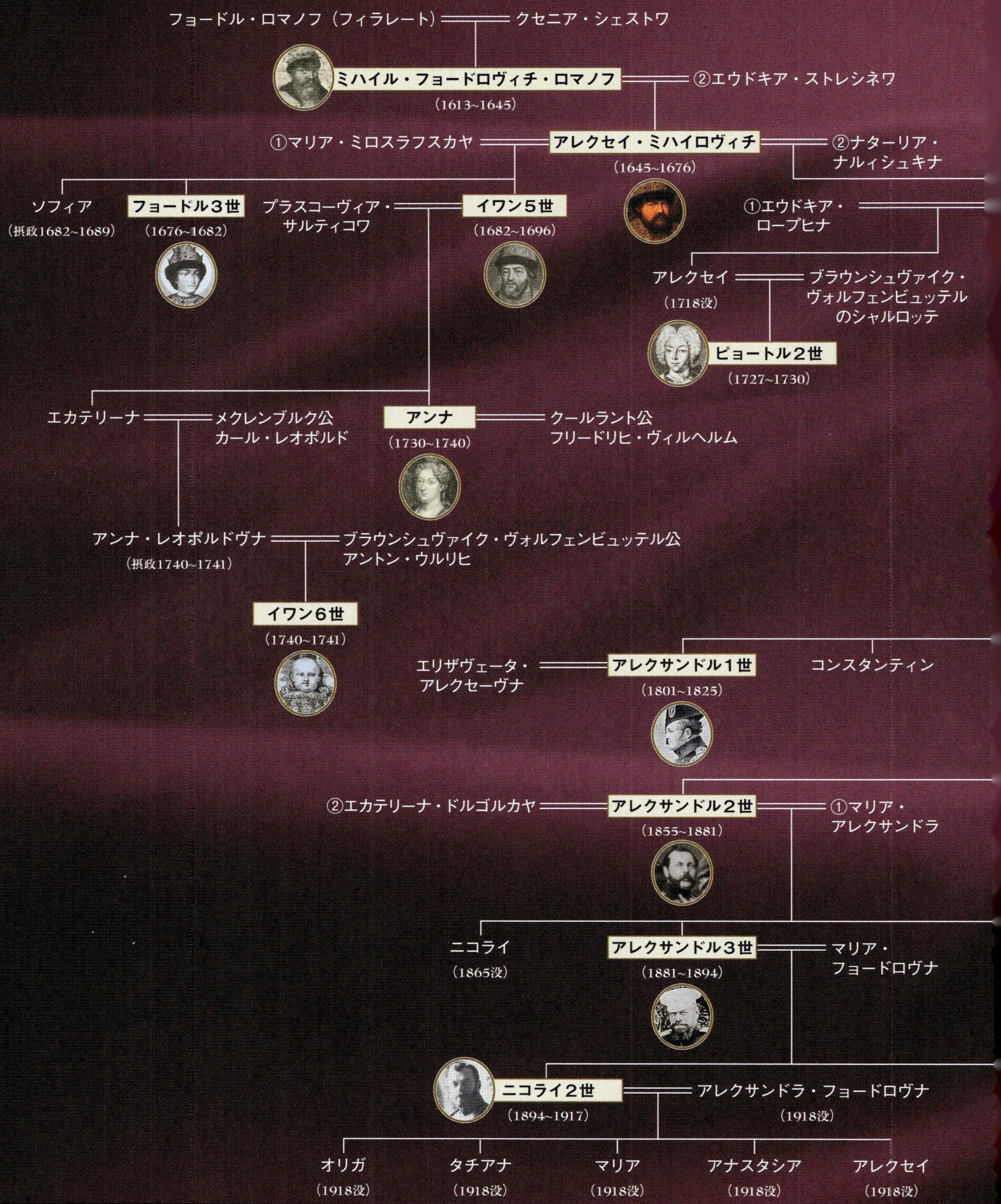
フョードル・ロマノフ（フィラレート）
クセニア・シェストワ
ミハイル・フョードロヴィチ・ロマノフ
（1613~1645）
②エウドキア・ストレシネワ
①マリア・ミロスラフスカヤ
アレクセイ・ミハイロヴィチ
（1645~1676）
②ナターリア・ナルィシュキナ
ソフィア
（摂政1682~1689）
フョードル3世
（1676~1682）
プラスコーヴィア・サルティコワ
イワン5世
（1682~1696）
①エウドキア・ロープヒナ
アレクセイ
（1718没）
ブラウンシュヴァイク・ヴォルフェンビュッテルのシャルロッテ
ピョートル2世
（1727~1730）
エカテリーナ
メクレンブルク公カール・レオポルド
アンナ
（1730~1740）
クールラント公フリードリヒ・ヴィルヘルム
アンナ・レオポルドヴナ
（摂政1740~1741）
ブラウンシュヴァイク・ヴォルフェンビュッテル公アントン・ウルリヒ
イワン6世
（1740~1741）
エリザヴェータ・アレクセーヴナ
アレクサンドル1世
（1801~1825）
コンスタンティン
②エカテリーナ・ドルゴルカヤ
アレクサンドル2世
（1855~1881）
①マリア・アレクサンドラ
ニコライ
（1865没）
アレクサンドル3世
（1881~1894）
マリア・フョードロヴナ
ニコライ2世
（1894~1917）
アレクサンドラ・フョードロヴナ
（1918没）
オリガ
（1918没）
タチアナ
（1918没）
マリア
（1918没）
アナスタシア
（1918没）
アレクセイ
（1918没）

ロシアの拡大

15世紀末のイワン３世によって「タタールのくびき」から離脱したロシアは、以来大きく領土を拡大した。16、17世紀にはカザンとアストラハンのハン国を征服し、ウラルを越えてシベリアに進出した。18世紀にはバルト三国とポーランド分割によって西方へ、また南部でも黒海北岸まで領土を拡大した。19世紀にはカフカースと中央アジアへ、さらに極東にまで進出した。一時は北アメリカのアラスカを領有したが、のちに売却した。

1550年頃のモスクワ大公国
1600年頃までに獲得
1700年頃までに獲得
1914年までに獲得
北極
ノルウェー
スウェーデン
バルト海
ベルリン
サンクト・ペテルブルク
ウィーン
ワルシャワ
ブダペスト
スモレンスク
ヤロスラヴリ
モスクワ
ウラル山脈
オビ河
キーエフ
カザン
ブカレスト
ヴォローネジ
トボリスク
エニセイ河
ドン河
ヴォルガ河
コンスタンティノープル
黒海
アストラハン
カフカース山脈
カスピ海
カザフスタン
アラル海
トルキスタン
テヘラン
サマルカンド
カブール
0
1000km

1

ピョートル大帝

素顔の帝国建設者

ピョートル大帝：「西欧化」を推進して、多くの業績を残したロシアの偉大な指導者。親政は1694年からで、以後30年間にわたって国の大改造を進めた。大帝については多くの肖像画が残されているが、これは1717年のもの。

ツァーリ・皇帝・専制君主

一七二一年八月、スウェーデンとの長期にわたる戦争に勝利したロシアの新しい首都サンクト・ペテルブルクで華々しい祝典がおこなわれました。元老院はその場でツァーリのピョートル・アレクセーヴィチ・ロマノフに「全ロシアの皇帝」、「大帝」という称号を授与して彼の栄光を称えました。

ここでいう「皇帝」とは「インペラートル」(英語の「エンペラー」)です。それまでロシアでは「ツァーリ」(ラテン語の「カエサル」に由来)の肩書きが用いられており、その慣行はその後も続きますが、いまや「皇帝(インペラートル)」が公式の肩書きとされたのです。

けれども当時のヨーロッパ世界には中世以来の伝統ある「神聖ローマ帝国」以外に「帝国」はなく、「皇帝」もおりません。したがってイギリスやフランスなどの大国は、ロシアのような「野蛮な」国の支配者が「皇帝」を名乗ることをすぐに認めなかったのです。けれどもその後も続くロシアの大国化にともなって、しぶしぶ西欧諸国もこれを認めます。こうして「皇帝」が統治する「ロシア帝国」が誕生します。その日付はロシアがみずからそう名乗った一七二一年です。

ところでロシアの支配者には、もうひとつの肩書きがあります。十六世紀のイワン雷帝以来用いられてきた「専制君主」(サモジェールジェツ)です。この慣行も続きます。最後の皇帝ニコライ二世は、

大工姿に扮したピョートル帝:大帝は少年の頃から海事に強い関心をもち、「大使節団」が滞在したアムステルダムでは、東インド会社の造船所でみずからハンマーを手にして技術を修得した。「王様の船大工」という通称はこれに由来する。

ロマノフ朝の創始者、ミハイル帝:ミハイル・ロマノフ(1597〜1645)は、古来のリューリク王朝の断絶(1598)と「動乱」の時代を経て、1613年にゼムスキー・ソボールにおいて16歳で新しいツァーリに選出された。名門貴族の出身だが、選出にあたっては父親(のちの総主教フィラレート)の影響が大きかった。

一九〇五年革命後に「憲法」が成立して、立憲君主制となったあとも「専制君主」の肩書きを棄てようとはしませんでした。それに固執したわけですが、その一二年後には、帝政そのものが崩壊したのです。

ロシア帝国の基礎を築いたのは、いま指摘したようにピョートル大帝で、彼の治世のうち親政は三〇年に及びます。帝政ロシアは彼によって基礎がおかれ、そして彼によって「切り開かれた林道」に沿って進むことになります。もちろんその路線に対する反発、反対は絶えずありますが、基本的にそういうことができます。そこでまず彼の治世の基本的な特徴について述べることにしましょう。

ピョートル大帝の父、アレクセイ・ミハイロヴィチ帝：アレクセイ帝（1629〜76）は帝位を世襲する形で1645年に即位した。当初は寵臣の強い影響下にあり宗教的な権威にも押されていたが、徐々に権力を強めて専制の基礎を固めた。ピョートル大帝の父親。

大帝の「西欧化」とその前提

ピョートルは一六七二年五月に、ロマノフ家二代目のアレクセイ帝と再婚相手のナターリアとの間に生まれています。即位したのは一六八二年ですから、一〇歳のときです。モスクワのクレムリン宮殿ではそのとき、ツァーリの後継者をめぐって激しい抗争がおきます。そのため彼の異母姉にあたるソフィアの摂政のもと「二人のツァーリ」という変則的な体制が成立します。

それが解消されたのが一六八九年、そしてピョートルの「親政」、つまりみずから政治を担当するのは一六九四年からです。彼が二二歳のときです。彼は二メートルを超える大柄で壮健な若者ですが、歴代のツァーリとは違って世俗的な関心が強く、精力的に改革を推し進めます。その内容はひとことでいうと「西欧化」です。つまりヨーロッパ諸国の水準からすると、経済的にも社会的にも遅れたロシアを大改造することでした。

もちろんピョートル以前に「西欧化」の動きがなかったわけではありません。ロシアは九八八年に東ローマ帝国のコンスタンティノープル経由でキリスト教を受け入れます。したがって中世を通じてギリシアとの宗教的、つまり文化的なつながりはほぼ一貫してありますが、十七世紀には変化が生まれています。

　一六三二年にキーエフの町に神学校が設立されるのですが、そこではギリシア語だけではなく、ラテン語の授業をカリキュラムに組みこむという斬新な試みがなされます。これには隣国のカトリックのポーランドの諸都市にできていたイエズス会の「学院（コレージュ）」の影響がありますが、キーエフ神学校の卒業生の博識ぶりはモスクワでも評判を呼びました。ラテン語を学び、ヨーロッパ古今の思想に通じた学者たちがギリシア正教会の世界で生まれつつあったのです。それだけではありません。この神学校出身のシメオン・ポロツキーという学者はアレクセイ帝の子弟の家庭教師としてクレムリンに入ります。大きな変化が起きていたのです。

　社会経済的にも、西欧との関係に変化が生まれています。これは十六世紀半ばに緒《ちょ》につくのですが、十七世紀に入ると、重商主義的な経済政策の波にのってイギリス、オランダ、あるいは北ドイツなど

摂政ソフィア：ソフィア（1657～1704）は「二人のツァーリ」体制の7年間（1682～89）、寵臣であり、17世紀最大の「西欧派」ゴリツィンとともに政権を担当した。

フョードル3世：フョードル（1661～82）はアレクセイ帝の後継者であったが、病身のため在位6年で亡くなった。姉のソフィアとともに新しい思想を受け入れ、古い社会の改革の意図をもっていたとされる。

イワン5世：イワン（1666～96）は1682年のクーデタでピョートルとともに帝位に就いたが、心身ともに病気であって政権担当能力はなかった。

キーエフ神学校の学生たち：ウクライナ生まれのピョートル・モギラ（1596～1647）は、イエズス会の「学院」に学び、帰国後キーエフでラテン語のカリキュラムを取り入れた正教の神学校を設立して、高い評価を受けた。

プロテスタント諸国の商人たちが交易のために続々とロシアにやってきます。クレムリンは彼らを受け入れただけでなく、みずから先進的な軍事技術を取り入れ、軍人を雇うこともありました。

一六五二年、アレクセイ帝は宗教的な摩擦をさけるために、モスクワの郊外に「外国人村」をつくりますが、そこには約一二〇〇人が住んでいたのです。このようにしてピョートル以前に「西欧化」が緒についていたのですが、まだ及び腰といわれても致し方ない状態でした。つまり外国人をロシアの勤務に就ける利益と正教会への影響を制限するという間で、政府は微妙なバランスをとらなければなりませんでした。本格的な「西欧化」に向けて大きく舵を切ったのがピョートルであったのです。

ピョートル帝の時代のロシア艦隊：ピョートル帝はバルト海での通商保護と海戦のために「バルト海艦隊」を創設した。ロシアにとって海への出口を確保するために海軍は不可欠なもので、黒海艦隊、太平洋艦隊と続いた。こうした一連の艦隊の基礎を置いたのがピョートル帝であった。

ピョートル帝のモデルはオランダとイギリスという最先進の海洋大国です。そのためにはバルト海への進出をはからなければなりません。こうして強国スウェーデンと大北方戦争（一七〇〇〜二一）を戦い、バルト海艦隊を創設します（ロシア最初の海軍は一六九五年創設のアゾフ艦隊でしたが、その後オスマン帝国との戦いで敗れ、解体を余儀なくされています）。

古都モスクワから新たに建設したサンクト・ペテルブルクに首都を移したのには、陰謀渦巻くクレムリンを嫌ったということもありますが、第一には外国貿易の拠点を築くためであったのです。そのモデルは、彼が一年半にわたる「大使節団」の一員として四か月間滞在した「世界の倉庫」、「運河の町」アムステルダムでした。

一六九七・九八年の「大使節団」の派遣のねらいは、オスマン帝国に対するヨーロッパ諸国との同盟を探るためとうたわれていましたが、実質は「ピョートル大帝の修学旅行」であったという見方があります。モスクワの「外国人村」でオランダをはじめヨーロッパからきた友人たちと酒を飲み、「乱痴気騒ぎ」をするまで親しくなるピョートルには、その進んだ文明の現場を自分の目でみたいという強い気持ちがありました。とくにヨーロッパの海事、つまり造船、航海、外国貿易などに対する関心です。

たしかにそのとおりですが、オスマン帝国対策が単なる名目であったわけではありません。ヨーロッパ諸国を巡るなかで、ピョートルは各国の間に温度差があることを感じます。オスマン帝国と隣接するウィーンについていえば、一六八三年の包囲をきり抜けて今や勝利目前というところまで来ていたのです。

ポルタヴァの戦いでのピョートル帝： 1708年6月28日ウクライナの要塞ポルタヴァで、ピョートル帝のロシア軍はカール12世のスウェーデン軍に壊滅的な打撃を与えた。同時にピョートル帝はいわゆる「マゼッパの裏切り」を凌いで、ウクライナ支配を強化した。

そうしたことから、ピョートルは南の黒海進出という従来の路線から、北のバルト海へと目を一八〇度転じたのです。ロシア帰国の道で、彼はポーランド国王と秘密会談をして、またデンマークとも交渉して準備を整えます。両国ともに過去にスウェーデンによって領土を奪われていたからです。オスマン帝国に対する同盟を諦め、バルト海帝国スウェーデンの打倒ぬきにロシアの道は開けないというピョートルの決意は「大使節団」の経験を経て固まったのです。

大北方戦争
——ナルヴァからポルタヴァへ

こうして一七〇〇年八月に戦争は始まりますが、スウェーデン国王カール十二世は若いけれども、天才的な軍人でした。彼の部隊はすぐにデンマークに上陸して、戦線離脱をとりつけます。そして精鋭部隊を引き連れてロシア軍が包囲しているバルト海の要塞ナルヴァに向かいます。

ピョートルのロシア軍は規模こそ四万と大きいけれども、ろくな訓練も受けていない寄せ集め部隊でした。要塞を包囲していたロシア軍に向かってスウェーデン軍が一気に襲いかかり、壊滅的な打撃を与えます。一〇月末のことで、ロシアの砲兵隊は全滅したのです。ピョートルは幸いその場にいなかったのですが、逃げたのだという見方もあります。こうして緒戦で大敗北を喫したのです。

けれどもカール十二世はそのままロシアに侵攻せず、ポーランドに向かいます。これには冬を迎えるロシアに入るのは危険とみた、あるいはロシアはいつでも料理できると甘くみたなどいろいろな見方があります。結局カールはポーランドに「傀儡《かいらい》の国王」スタニスワフ・レシチンスキをおくことに成功するのですが、各地を転戦して貴重な時間を費やします。

その間にピョートルはロシア軍の立て直しを図ります。全国の教会から鐘を集めて急いで大砲を鋳造させたというよく知られた事実がありますが、最も重要なことは徴兵制の導入です。それ以前にも一時的に農民を徴用したことはありますが、他方で彼らは国庫を満たす大事な担税民です。税源を損なうことは避けてきたのですが、ピョートルはその一線を越えたのです。

一七〇五年二月に全国の村々から「二〇世帯につき一人の良き、勤務に適した独身者」の徴兵が命じられます。のちに「独身者」の規定が外され、また世帯数の基準も変わりますが、ほとんど毎年このような徴兵令が出されます。村は租税と同じように、連帯責任でこの義務を果たさなければなりません。「兵士の滞納」には矢のような催促がきて、果たさなければ厳しい処罰を受けたのです。

けれどもこの徴兵制は大きな問題を抱えていました。というのは兵士となる農民は村と家族から完全に切り離され、生涯を軍隊の一員として送ることになるのです。したがって進んで兵士になるものなど誰もいません。そこで村は村の経営にとって「マイナス要因」である貧農や怠慢な農民にこの義務を押しつけます。こうして兵役義務は「懲罰的な性格」を持つことになったのです。ピョートルの治世には毎年平均二万人の農民が兵士として徴用されたのです。

一七〇九年六月に両軍は、今度は奥深いウクライナの要塞ポルタヴァで対決します。ロシア軍は増強され準備万端であったのに対して、スウェーデン軍は長い遠征のためにかなり疲弊しています。戦闘は一日で決着がつき、スウェーデン軍は大敗してしまいます。カール十二世はごくわずかの部隊とともに、また彼の側に寝返ったウクライナの首領マゼッパとともに辛うじてドニエプル河を越え、オスマン帝国の側に逃げたのです。この日のロシア軍の勝利が大北方戦争の分岐点であったのです。

帝政期を通して、ロシア政府は六月二八日の戦勝記念日を祝いますが、大北方戦争はその後一〇年以上続きます。その間にロシアのバルト海艦隊がスウェーデン海軍を撃破するなどして、勝利を不動のものとします。こうして一七二一年八月にニスタットで和平条約が結ばれ、ロシアはバルト三国など大きな領土をスウェーデンから奪います。冒頭に述べたように、その和平の祝賀の席でピョートルに「皇帝」の肩書きが授けられたのです。

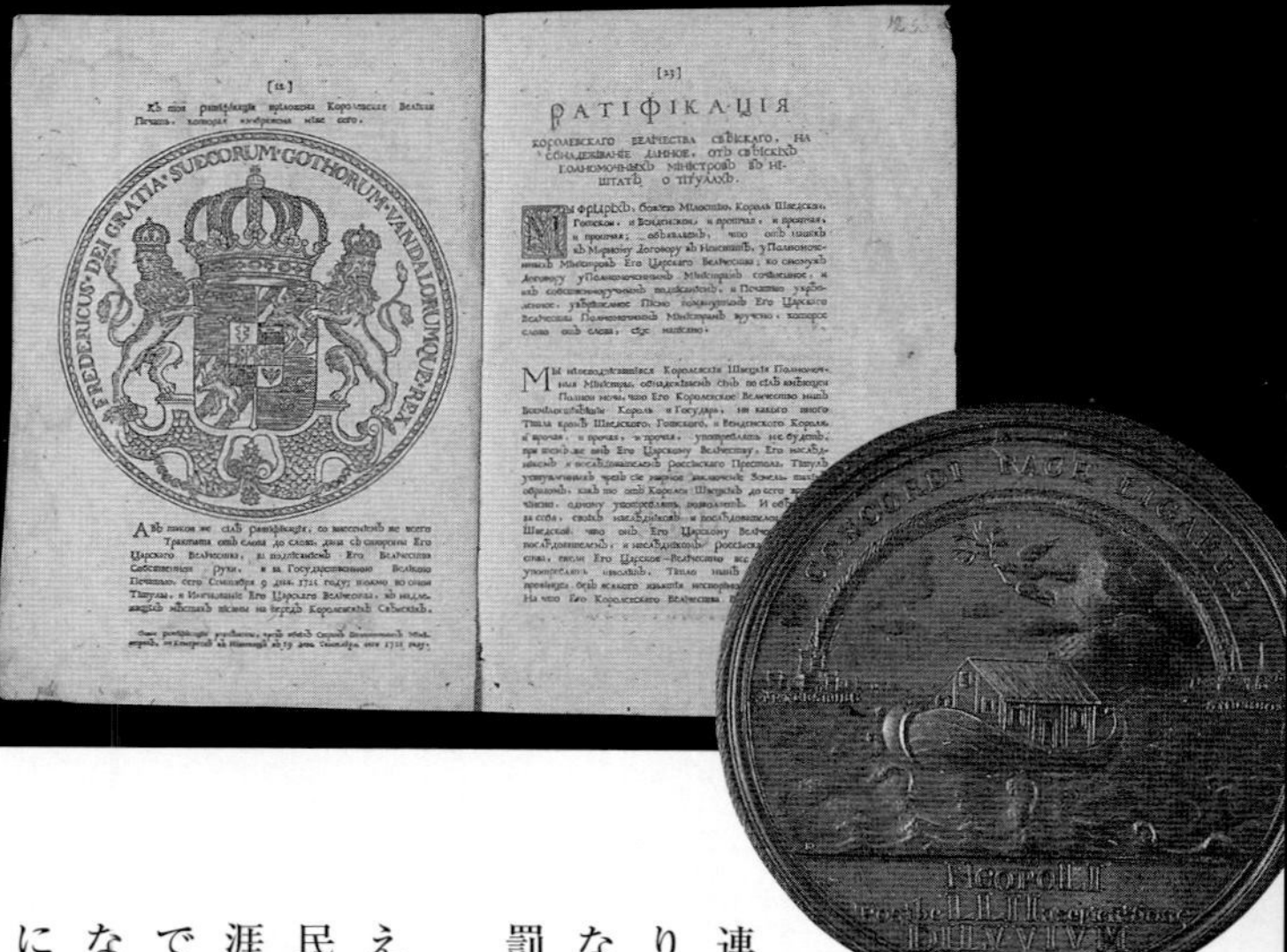

ニスタットの和平文書とメダル：大北方戦争は1721年８月にフィンランドの小さな港町ニスタットで和平条約が結ばれることでようやく終結した。ロシアはいわゆる「バルト三国」をスウェーデンから奪ってバルト海へ進出し、スウェーデンは三十年戦争後に築いた「バルト海帝国」を崩壊させた。

「お前は何ができるか」

大北方戦争の勝利のあと、ピョートル大帝が常備軍を確立したのも以上のような過程の延長線上にありました。彼はそれまでの諸税を人頭税《じんとうぜい》に一本化して、それを常備軍の維持費用に充てたのです。

常備軍というのは、いうまでもなく平時であっても軍隊を維持・訓練する体制で、その点大変な「金喰い虫」です。けれどもそれなしにはやっていけない時代が到来していたのです。フランスをはじめ、ヨーロッパどこでもそうです。

「鼠たちが猫を葬る」：ロシアには木版画（ルボーク）の伝統があり、多くの風刺的作品が製作された。「鼠たちが猫を葬る」には、ピョートル大帝（猫）によって傷めつけられた民衆（鼠たち）という批判的な社会意識がみられる。

巡礼に向かう皇后一行：アレクセイ帝の最初の妃ミロスラフスカヤと３人の皇女たちの教会巡礼を描いた珍しいスケッチ。神聖ローマ皇帝使節メイエルベルクの絵。1661～62年。

　彼はまたモスクワ時代の古い「官署」を廃止して、「参議会」という当時流行の新しい行政組織を設立して、官僚制を整備します。近世の「絶対王政」は常備軍と官僚制という二本の足によって支えられていたという理解からすると、ロシアのそれはピョートル大帝期に確立されたことになります。

　また「宗務院」を設けて、正教会を完全に世俗国家の支配下におくなど矢継ぎ早に政策を実施していきます。貴族たちにかぎられ、また促成の人材養成ではありますが「教育」を義務づけ、さらに科学アカデミーの設立が計画されます。これらはいずれもヨーロッパ諸国にならったものです。

　ピョートル大帝が設立した国家形態は「行政国家」と呼ばれることがありますが、支配的身分である貴族たちはそこで新しい位置を占めることになりました。新旧の貴族たちの「ツァーリとその国家」に対する勤務は中世末以来のことですが、「門地」による明確な序列がありました。

　つまり家柄が第一に重視されたのですが、ピョートルはその転換をはかります。彼はそれまでのように「お前の父親は誰か」ではなく、「お前は何ができるか」と問うたといわれます。門地ではなく、本人の能力を重視したのです。

　一七二二年に設定された「官等表」では、すべての貴族は軍人、行政官、宮廷官に振り分けられます。それぞれ一等官から一四等官まであり、その昇進は「年功」と「功労」によると定められたのです。一五歳で勤務に就く貴族の子弟たちも最下位のランクから出発しなければなりません。平民出のものであっても「一代貴族」の権利を得ることができ、八等官になると「世襲貴族」の身分が授けられました。このような「ブルジョア的な原理」の導入は、当時のヨーロッパ世界をみても大変新しいものですが、もちろん身分制の基礎に手をつけたわけではありません。有能な人材の抜擢に限られていたのです。

　風俗習慣の「西欧化」もまたよく知られたものです。一六九七年三月から一年半にわたる「大使節団」で、彼はオランダ、イギリスといった当時の最先進国を訪問しますが、帰国したピョートルは、出迎えの貴族たちの長い顎ヒゲを鋏で切り落としたというエピソードはその象徴です。

ヒゲ税：ピョートル帝の「西欧化」は風俗習慣にまで及んだ。伝統的なヒゲをそり落とすことを求め、今後も生やし続けるものには身分に応じて課税した。首都のエリートの顔からヒゲは消えたが、聖職者はもとより、大多数はヒゲを生やし続けた。

　そのすぐあとに「ヒゲ税」の法律が出され、今後ともヒゲを生やすものは「身分に応じて」税金をとると規定しました。ロシア人にとってヒゲは「神聖なもの」であり、そうやすやすと従うものはいません。その後も聖職者や農民をはじめ大多数のロシア人の顔からヒゲが消えることはなく、ヒゲを剃ったのは政府高官や宮廷貴族など一部のものだけです。ある名門貴族は剃り取った長いヒゲを亡くなったときに棺に入れるように家族のものに指示したといいます。

大帝の死と評価の問題

　ピョートル大帝は自己の「西欧化」改革に対する批判を知っていました。一般の民衆は、洋服を着てタバコを吸い、精進日に肉を食べるツァーリ、戦争と外国への愛着のために自分の国を荒廃させているツァーリを「本物のツァーリ」と認めませんでした。「本物のツァーリ」はドイツ人と「すり替えられて」どこかにいるとして、この苦難の時代を耐えていたのです。

　貴族たちもほとんど改革の意図を測りかねています。ピョートル大帝は一瞬たりとも手綱をゆるめることはしませんが、ときに「どんなに良い、必要なことであっても、新しいこととなるとわが国の人びとは強制なしには為そうとしない」と嘆いています。大帝の改革を支持した当時の社会評論家ポソシコーフは、「わが君主が十人力で山のうえに引き上げているのに、多数の人びとは下に引き降ろしている」と大帝の事業の困難性をわかりやすく指摘しています。

　ピョートルという人は技術に強い関心があって、仲間に手のできたマメを見せて自慢していたという愛すべき性格です。けれども他方では、一切の妥協を許さない専制君主です。そのために多くの犠牲者が出ることに躊躇することはなかったのです。

　ピョートル大帝は一七二五年一月に亡くなりました。彼の教会改革を支えたフェオファン・プロコポーヴィチはツァー

青銅の騎士像の序幕式：1782年、ピョートル大帝即位百年に元老院広場（ソヴィエト期にデカブリスト広場と改称）で除幕式がおこなわれた。女帝エカテリーナは「ロシアはヨーロッパの大国である」と宣言した皇帝で、像の脇には「ピョートルへ、エカテリーナ」と銘記された。

リを葬送する頌詩《しょうし》で、「彼は亡くなった。だが彼にわれわれを貧しく、不幸なまま残さなかった。彼のもたらした巨大な力と栄誉はわれわれとともにある」、とピョートルの業績を称えています。

そしてその後のロシアは、曲折はありますが大帝によって「切り開かれた林道」に沿って進みます。大帝を上回る領土拡大をなしとげた女帝エカテリーナ二世は、一七八二年に大帝即位一〇〇年を記念して、元老院広場（現在のデカブリスト広場）に「青銅の騎士」像を建設します。ペテルブルクを訪問する観光客の誰もが立ち寄って記念撮影する場所ですが、これは彼女が大帝の事業の継承者であることを表明したものです。

それから一世紀ほど経た一八七二年、大帝生誕二〇〇年に当たる五月三〇日にあわせてさまざまな行事がおこなわれました。なかでも「西欧派」のモスクワ大学教授のロシア史家セルゲイ・ソロヴィヨフによるピョートル大帝についての公開講義には、モスクワの社会の名士たちが顔をそろえ、「偉大な改革者」の生涯と活動に耳を傾けたのです。

ピョートル死後一五〇年も経っているにもかかわらず、大帝がつくりだした基本的な制度は生きています。「参議会」は「省」に再編されていましたが（一八〇二年）、軍隊の基礎である徴兵制（一八七四年まで）、税制の基本である人頭税（一八八四年まで）、そして元老院と宗務院はその当時はもとより、「十月革命」まで存続するのです。ソロヴィヨフの公開講義は、改めて「古いロシア」に決別して、「近代ロシア」を誕生させたピョートル大帝の偉業を、歴史学者としての研究を踏まえて顕彰したものです。それは当時のひとつの「社会現象」であったとさえいわれています。

もちろん「西欧派」を強く批判した「スラヴ派」の思想家たちのように、ピョートル帝の改革にネガティヴな見方もまた一貫しています。彼らによると、ピョートルは暴力でもって「古いロシア」とロシア人の文化的一体性を破壊し、引き裂いた独裁者ということになります。このような批判もそれなりの論拠がありますし、そうした見方は皇帝のなかにさえみられます。最後の皇帝となったニコライ二世はピョートル以前の「古いロシア」に愛着をもっていて、ようやく生まれた皇太子に大帝の父と同じアレクセイと名付けたのです。

キリル文字と大帝の文字改革

古代教会スラヴ語

ロシア語の文字は「キリル文字」と呼ばれますが、その起源は九世紀にまでさかのぼります。

当時の東ローマ皇帝が新たにキリスト教を受け入れたモラビアのスラヴ人のために、ギリシア人コンスタンティノス＝キュリロス（キリル）とメトディオスの兄弟を「教師」として派遣します。二人は帝国の学問と文化を代表するエリートで、八六三年秋から三年余りの滞在で詩篇、福音書、使徒行伝の抜粋などの教会文献を自分たちが制定したスラヴ語、つまりキリル文字に翻訳したのです。

このスラヴ語による典礼はローマ教皇によっても認可され、とくにブルガリアではおおいに普及します。九八八年に「受洗」したロシアは、この「古代教会スラヴ語」を引き継いだわけです。同時に生きた口語、すなわち東スラヴ方言の影響も受けて、「ロシア化」されていきますが、十七世紀に至るまでロシアにおける唯一の文語として使用されていたのです。

新しいアルファベットの制定

こうした伝統的なキリル文字の改革を図ったのがピョートル大帝です。彼の即位当時のロシアにはモスクワの総主教印刷所があるだけで、「教会本」の印刷にほとんど限られていました。「世俗本」や法典であっても、「教会スラヴ語」が使用されていたのです。大帝は最初のヨーロッパ滞在の折に、軍事、建築、そして他のプロジェクトの遂行のために、そしてヨーロッパでのロシアの評価を高めるためにも、伝統的な文字をより簡素な形に改革する必要を感じたのです。

こうして何度も改訂を重ねたのち、一七一〇年一月に「新しいアルファベット」が制定されます。伝統的なキリル文字の使用は、今後は教会のカテキズム、典礼書、聖書、そして聖人伝などの「教会本」だけに限定されたのです。新しいキリル文字は「市民的（世俗的）な字体」と呼ばれ、ペテルブルクに新設された印刷所ではもっぱら「市民的な字体」を使用した出版活動が始まります。文字改革は大帝の多くの改革のなかでも見逃すことができない重要なものということができます。

キリル文字：スラブ諸民族のあいだで、多くのヴァリアントをともないつつ広く使用されているキリル文字の名はキュリロス（スラブ名キリル）に因むが、実際に彼がつくった文字は「グラゴール文字」であるというのが定説である。

皇太子アレクセイ事件

父子の対立

ピョートル大帝の後継者となったのは彼の妃エカテリーナです。「女帝の世紀」の始まりですが、その間に皇太子アレクセイ事件という大変な事件が介在しています。

ピョートル帝は一六八九年に貴族の娘エウドキアと結婚しています。彼が一七歳のときで、権力の奪取を狙ったピョートル支持派の政略結婚でした。そして翌年アレクセイという男の子が誕生します。

ピョートルは奔放で世俗的な性格ですが、エウドキアは信仰心が篤く、性格の不一致がありました。「大使節団」の帰国後、ピョートルは離別して彼女を修道院に入れてしまったのです。他方で、まだ幼い皇太子に家庭教師をつけて、厳格な帝王教育を始めたのです。母親を奪われたうえに、父親の強引な教育に対して、成長したアレクセイは強く反発し、サボるようになります。ピョートル帝は「知識の種は石の上に落ちた」と嘆き、アレクセイは教会で父親の死を望んだと告白しています。父子の対立はしだいに決定的なものになったのです。

国家反逆罪で死刑判決

一七一五年、ピョートル帝はアレクセイに帝位継承の意思を示すか、さもなければ修道院に入るかの択一を迫ります。アレクセイはひそかにウィーンのカール六世の庇護を求めて亡命するという危険な道を選びます。ピョートル帝の強硬な求めに応じて、結局アレクセイはロシアに引き渡されて裁判にかけられます。そして「国家反逆罪」で死刑の判決を受けるのです。判決文にはロシアの高位高官一二七名が署名していますが、その執行前にアレクセイは獄死しています。真相は不明ですが、噂では父親が手を下したとされています。一七一八年六月のことです。

皇太子アレクセイ事件は単なる親子の対立・抗争と見ることはできません。ピョートル帝の強引な西欧化路線に対する反発は貴族、聖職者の大多数に共通していましたから、アレクセイは反対勢力のシンボルになる可能性があったのです。

ゲー画「皇太子を審問するピョートル帝」：ニコライ・ゲー（1831～94）は貴族の出で、移動美術展の積極的な参加者であった。この絵は第１回の展覧会に出品され、大きな評判を呼んだ。1871年。

2 両首都

ペテルブルクとモスクワ

ペトロパヴロフスキー聖堂：ペトロパヴロフスキー要塞が設けられたのは1703年で、すぐあとに監獄が備えられ、主に政治犯が収容された。最初の収容者は皇太子アレクセイであった。また聖堂も併設され、ピョートル帝以降の歴代の皇帝の棺が安置されている。1995年の改修後、尖塔の高さは122メートルまで延びた。

「涙と屍のうえに」

ピョートル大帝の治世を象徴するのが新首都サンクト・ペテルブルクの建設です。ピョートルの守護聖人「聖ペトロの町」が名前の由来ですが、ニックネームは当時も今も「ピーテル」です。彼がいつモスクワからの首都移転を思い立ったかは不明ですが、古代ローマのコンスタンティン帝の例にならったという説もあります。それはともかく、一七〇三年五月に着工が始まったわけです。

新首都が建設されたネワ河の河口は沼《しょう》沢地《たくち》で、地盤ははなはだよくありません。またモスクワよりもはるか北の果てにある痩せた地方で、冬は長く、寒さも厳しかったのです。町の基盤整備のために、全国から大勢の農民たちが強制的に徴用

サンクト・ペテルブルクの地図：1703年に着工されたこの町は、10年後にロシアの首都となった。また13世紀の英雄アレクサンドル・ネフスキーの名を冠した修道院が創建され、町の守護聖人とされた。1720年。

されて、泥濘《でいねい》のなかでの土木工事に従事しています。カラムジーンという歴史家はこの町が「涙と屍《しかばね》のうえに」建てられたと指摘しましたが、事実多くの犠牲者を出したのです。

中心の海軍工廠《こうしょう》と町外れのアレクサンドル・ネフスキー修道院を結ぶ全長四キロメートルの「ネフスキー大通り」がペテルブルクの目抜き通りですが、その建設にはスウェーデン人捕虜が使われたことも知られています。一七一二年に宮廷が、翌年には元老院がモスクワからここへ移転されます。これによってペテルブルクは「新首都」となったのですが、その後「参議会」と呼ばれる新しい中央行政機関の建物などがつぎつぎと建設されていきます。こうして徐々に新首都のかたちが整えられていったのです。

ペテルブルクの住民たち

けれども問題は住民です。移転の段階でペテルブルクにはすでに八〇〇〇人以上が住んでいたと推測されていますが、その三年後ピョートル帝は、三五〇人の貴族、三〇〇人の商人、そして三〇〇〇人の「あらゆる技能をもった職人」に対してペテルブルクへの移住を命じています。つまり強制移住の命令で、彼らは半年以内に新しい町に住居を建てなければなりません。このような措置を繰り返すことで、急速に人口は増えていきました。治世末にペテルブルクは約六〇〇〇世帯、三万から四万の人口をもつ都市になったのです。

新首都としての重要性から、ペテルブルクの人口はその後も一貫して増加していきます。一七五〇年には約九万五〇〇〇人に、そして十八世紀末には早くも二〇万人に達したと推測されています。そして人口構成には際立った特徴が指摘できます。

一七二五年末に開設されたロシア科学アカデミーの会員で、ドイツ人のゲオルグによりますと、一七九二年の段階でこの町の男子が一三万七四四〇人であるのに対して、女子は六万六一一五人でした。一八一五年の人口は三八万六〇〇〇人ほどですが、男が約二八万人、そして女が一〇万四〇〇〇人ほどです。つまり男性が町の人口の約三分の二を占めていたのです。また女帝エカテリーナ二世の治世には平均四万人の季節労働者が暮らしていたといいます。多くは男性とみられますから、新首都は男のたまり場というか、際立って男中心の社会であったということになります。

ヴァシリエフスキー島の取引所と商館：ペテルブルクはそれまでのアルハンゲリスクに代わって、ロシアの外国貿易の拠点となった。世界の先進国はいずれも外国貿易が生み出す大きな利益を求めて重商主義的経済政策を実施しており、ピョートル帝の目もこの点に向けられていた。

　人口の面でのもうひとつの特徴は、軍人と官僚の比重の高さというものです。これは新首都としての政治的なファクターによるものですが、先のゲオルグの調査では国庫からの給与で生計をたてているものが人口の四分の一を数えたとされます。つまり陸海の軍人が四万人、役人一万人です。彼らの割合は商工業の発展とそれに従事する人びとの増加にともなって低下する傾向にありますが、それでも多数派を形成していたのです。

　さらに外国人の多さもこの町の特徴としてあげることができます。十八世紀をとおして、大体八人に一人は外国人でした。世紀末の人口を二〇万人とすると、外国人は二万五〇〇〇人前後ということになります。外国人といっても、もちろん西洋諸国からの人びとで、ピョートル大帝が彼らに与えたさまざまな特権に魅せられて、あるいは富のチャンスを求めてはるばるこの北国にやってきた連中でした。

　すでに「大使節団」のときに大帝は、アムステルダムで「海事関係者」六五一名を含む九〇〇名を雇用していますが、大帝が設立した中央官庁である一二の「参議会」の副長官はすべて高給で雇われた外国人です。先の科学アカデミーの会員も当初すべてドイツ語圏の学者です。文字どおり「西ヨーロッパの科学の代理店」ですが、世紀末でさえ一〇八名の会員のうちロシア人は二四名にすぎません。一八一五年の都市人口約三八万六〇〇〇人のうち、外国人は三万五〇〇〇人を占めていたのです。

　最も多いのはドイツ人で、優れた能力をもつドイツ人に対する需要は大きいものがあります。役人としてのバルト・ドイツ人をはじめ、医者、薬剤師、手工業者、貴族の家庭教師などさまざまな仕事に就いています。オランダ商人は初期には多かったのですが、世紀末には取るに足らない存在になっています。イギリス人は商人、海軍兵士、あるいは庭師として増加する傾向にありました。彼らは海軍工廠の近くに居を構えていて、ネワ河

ペテルブルクの洪水。1721年：ペテルブルクの洪水は、ある統計書によると1703〜2000年に319回記録されていて、19、20世紀にも起きている。そのうち79回はとくに危険で、3回は壊滅的な打撃を与えたとされている。

沿いの「イギリス海岸通り」はのちに有名な高級住宅街となります。以上のようなペテルブルクの人口構成上の特徴は、基本的に次の世紀にも続くのです。

高い食糧と洪水

このように増加する首都の人口に対して基本的な食糧を提供することは、政府の重要な仕事でした。領地をもつ貴族たちは自分の村の農民による生産物地代の運搬に頼ることができますが、他のものはそうはいきません。

　多くの食糧は、夏には遠方からヴォルガ河を船でトヴェーリの町まで運ばれ、そこから運河と河川ルートでラドガ湖まで、そしてネワ河でペテルブルクまで運ばれました。冬には比較的近い地方から便利な「橇《そり》の道」が用いられました。物資の輸送には夏よりも、凍結する冬の方がはるかに便利だったのですが、いずれにしろペテルブルクの住民はよそよりも高い食糧、とくに黒パンを買わなければなりませんでした。

　ピョートル政府は穀物商人の投機を防ぐために、彼らの利益を一〇パーセント

に制限しています。また世紀半ばからは新聞で穀物価格が報ぜられ、住民は高いか安いかを判断できるようになります。けれどもそうした措置は大して効果がありません。住民たちはみずから庭で野菜を栽培するなどして「自給」、「自衛」しなければならなかったのです。

加えて劣悪な住環境という問題があります。すでに述べたように、ペテルブルクの町はかつて人の住まない沼沢地で、地盤がよくありません。そのために大々的な土木工事がなされたのですが、さらに頻繁な洪水という問題がありました。バルト海は水深が浅く、フィンランド湾の面積は狭いという自然条件です。そこに南西から強風が吹くと、海面が上昇して、海に流れるはずのネワ河の水を逆流させてしまうのです。ピョートル大帝の治世には高さ一・六メートルから二・七メートルの洪水が一一回起きたと記録されています。つまり二、三年に一度の割合で、町は浸水の被害を受けたのです。一七五二年一〇月には高さ二・八メートルの洪水が起きています。

一七七七年九月には三・二メートルの洪水が起きました。ときの皇帝はエカテリーナ二世ですが、彼女は文通相手の啓

エルミタージュ美術館：冬宮はピョートル帝が建てた小さな宮殿であったが、エリザヴェータ帝の治世に大改修がなされた。エカテリーナ２世は冬宮の隣に小さな建物を設けて、「隠れ家(エルミタージュ)」と名づけ、彼女が蒐集したヨーロッパ名画などを収容した。19世紀前半には「新エルミタージュ」という建物がつくられ、1852年に一般公開された。革命後には冬宮全体がエルミタージュに含められ、エルミタージュ美術館として再出発した。全部で五つの建物がつなぎあわされ、所蔵点数は三百万点ともいわれているが、全部を見た人は誰もいないという。

蒙思想家グリムに宛てて、洪水が都市全体に及び、木造の家々が壊れるなど大きな打撃を受けたと書いています。犠牲者も多かったのですが、数については不明です。

これを契機にして、洪水の水位を下げるために、また浸水面積を減らすために運河の開削がすすめられます。運河はそれまでもありますが、一段と本格化されたのです。その結果、世紀末までの洪水は六回にとどまりますが、油断は禁物です。一八二四年一一月、ペテルブルクは再び四・一メートルもの洪水に襲われたのです。

冬宮エルミタージュ

帝都ペテルブルクの中心地にあるのが冬宮です。現在はエルミタージュ美術館として国内外の観光客を集める世界的な名所のひとつですが、当初はもちろん専制政治の場でした。起源はピョートル大帝が建てた二階建ての質素な宮殿ですが、彼の娘であるエリザヴェータの治世（在位一七四一～六一）にイタリア人建築家ラストレッリによって大幅な改築がなさ

ピョートル大帝時代のモスクワ：ペテルブルクへの首都移転によって、モスクワは一時的に人口減少をまねいたが、経済的、文化的な中心としての意義に変わりはなかった。左の絵はラブスによるもので、モスクワ河の川向こうからクレムリンを臨む。1846年。右は同じ頃のモスクワ郊外の村の祝祭日の絵。作者不詳。

れ、内装が完成したのは次の女帝エカテリーナ二世のときです。

その屋根には数十メートルの間隔で一七六体もの彫像が並んでいますが、冬宮は大広間を含めると部屋数は四六〇という大規模なものになります。ウラル特産の孔雀石二トンを使ったとされる「孔雀の間」をはじめ、冬宮の豪華さは筆舌に尽くしがたいものです。ここで各国大使の謁見《えっけん》がおこなわれ、華やかな晩餐会や舞踏会が催されたわけですが、もちろん上階に皇帝の執務室があったわけです。

十九世紀初め、冬宮は約四〇〇〇人の住民を抱えていたと推測されていますが、ほとんどは宮廷付きの召使いであったのです。

ペテルブルクから三〇キロメートルから四〇キロメートル離れた土地には、ツァーリ家の離宮がおかれていました。ツァールスコエ・セロー、つまり「ツァーリの村」にあるエカテリーナ宮殿をはじめとして、いずれ劣らぬ豪華な宮殿が建てられます。それらは「ペテルブルクの首飾り」、あるいは「真珠の首飾り」とも呼ばれています。名門貴族たちもこのような宮殿建築をモデルとして、自分たちの館を建てたのです。

古都モスクワの「革新」

ではペテルブルクに首都の地位を奪われたモスクワはどうなったのでしょうか。モスクワが初めて史料に登場するのは一一四七年のことですが、モスクワ公国の発展にともない都市は成長を続けます。ピョートル帝の即位の頃には約二〇万人の人口を擁していたと推測されます。けれども首都移転によって、人口は一時的

に一四、五万人まで減少しました。つまり三〇パーセント減となったのですが、その後徐々に回復します。一七二八年から三二年にかけては、一時的に宮廷がモスクワに戻ったこともありました。とくに大きいのは一七六二年のいわゆる「貴族の解放令」です。貴族を強制的な勤務義務から解放したこの法令によって、多くの貴族はモスクワに館を構えるようになりますが、同時に主人とその家族に仕える大勢の召使いも連れてきます。召使いの数は一七三〇年代には三万六〇〇〇人であったのに対して、一七九〇年代初めには六万一〇〇〇人にまで増加しました。モスクワの中心部にパシュコフの館、貴族会館などの著名な建物が建てられ、郊外にはクスコヴォ、オスタンキノ、ツァーリツィノなどの大貴族の館（ウサージバ）が建設されたのもこの頃のことです。

ピョートル大帝の地方改革によって、一七〇八年にモスクワ県ができますが、モスクワは当然その県庁所在都市となります。モスクワ県の場合、知事ではなく総督がおかれます。一七八二年にモスクワ総督となった元陸軍大臣のチェルヌイシェフ伯爵のときには、ベールルイ・ゴロドを囲んでいた城壁が「あまりの老朽と不便さのために」取り壊されて、その跡地に幅広い並木道が設けられます。モスクワの中央通りのひとつであるトヴェーリ通りの半ばにあるモスクワ市役所の建物が、かつてこの伯爵の私邸でした。ロシア最初の水道ができたのもモスクワですが、工事は一七八一年から四半世紀もかかりました。その恩恵に浴したのは十九世紀になってからのことです。

トヴェーリ門：モスクワにはいくつかの出入りの門があり、そこには馬車と御者の住む「駅逓村」があって、役人や旅行者の便宜をはかっていた。絵は中心通りのひとつのトヴェーリ通りの出口である。18世紀後半。

ロモノーソフ、モスクワ大学の創設者：ミハイル・ロモノーソフ(1711〜65)は白海沿岸の寒村に生まれ、モスクワとペテルブルクで学んだあとに、ドイツに留学した「百科全書」的な大学者。ロシア人最初の科学アカデミー会員で自然科学の研究にあたるが、同時にロシアの起源についてのドイツ人学者のノルマン人説に論駁した。

現在のモスクワ大学本部：モスクワ大学の旧館は町の中心に位置していたが、1947年の建都800年に際して都市の大改造がなされ、郊外の雀ヶ丘に移転新築された。本部は36階建てで、235メートルの高さを誇る。

モスクワ大学の設立

ロシア最初の大学ができたのもモスクワでした。女帝エリザヴェータはモスクワを好み、しばしばこの町を訪問していますが、一七五五年のモスクワ大学の設立も彼女の治世です。すでに科学アカデミーの会員であったミハイル・ロモノーソフと資金提供者イワン・シュヴァーロフの尽力によるもので、大学は哲学部、法学部、医学部の三学部をもちます。また二つのギムナジヤ（中・高等学校）が付設されますが、ひとつは貴族、もうひとつは「雑階級人」、つまり貴族と「農奴《のうど》」以外の「雑多な階級の人びと」のためのものです。

「聖ニコラ」のイコン：「奇跡の人、聖ニコラ」は旅人、漁師、兵士、そして聖職者の保護聖人でロシア人に最も人気のある聖人である。またロシアではイコンそれ自体が崇敬の対象となっていて、教会だけでなく家庭でも小さなイコンが祀られていた。

学生数は当初三〇人から八〇人と少なく、「登録者」の多くは「雑階級的」で、豊かではありません。当時のモスクワの人びとは「集団的拳闘」、つまり「殴り合い」という一種の戦争ゲームを好みます。この伝統的な暴力は当時規制されていたのですが、モスクワ大学の学生たちは冬ネグリンナヤ河の氷上に集まって、大勢の観衆のなかで神学アカデミーの学生たちと「殴り合い」をしたといいます。

大学の建物も当初は仮住まいでしたが、一七八六年から数年でモホーヴァヤ通りに今も残る旧館が建設されています。大学は教会をもち、その名に因んで「聖タチヤーナの日」が創立記念日とされます。旧暦一月一二日です。また大学には印刷局が置かれ、『モスクワ報知』という新聞が刊行されますが、一七七九年からこの新聞を主宰したのがフリーメイスンのノヴィコーフです。先にチェルヌイシェフ伯爵についてふれましたが、彼はフリーメイスンの活動家の庇護者でもあり、ノヴィコーフ等の活動を支援したのです。

文化面だけではなく、いうまでもなくモスクワは商工業都市です。すでに一七二五年の段階で、この都市には三二のマニュファクチュアがありましたが、そのうち二三は繊維工場でした。最大の企業は一五〇〇人の労働者を雇っていたラシャ工場です。近代に入ると、繊維産業はどの国でも「国民的な産業」として、産業革命の推進力となるのですが、モスクワとその周辺地域は繊維産業の中心地となります。世紀末にモスクワに商業専門学校が開設されたのもこうした理由からです。

「聖なる都」モスクワ

モスクワはロシア人の信仰の中心地でもあります。そこにある教会の多さについて、モスクワには「四〇の四〇倍」の教会があると形容されますが、十八世紀初めには一五の聖堂、二九の修道院、そして三四五の教会があり、聖職者の数はモスクワの人口の一〇パーセントを占めていました。世俗的なペテルブルクとは

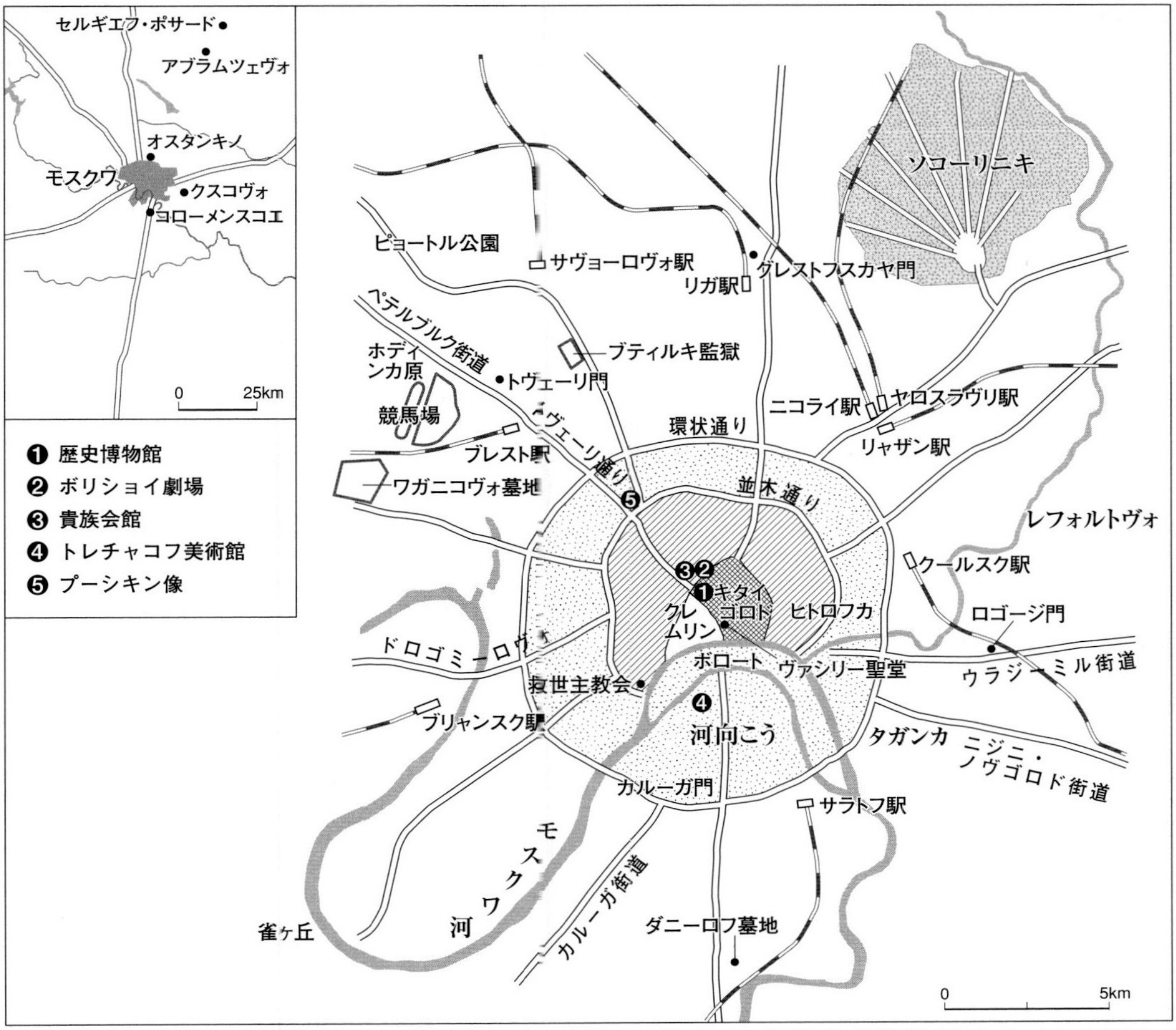

モスクワの地図：モスクワは外敵に備えて、クレムリン、ベールイ・ゴロド、ゼムリャヌイ・ゴロドに各々防備がふされていた。1780年代からベールイ・ゴロドを囲んでいた城壁が取り壊されて幅広い並木道路ができ、そして19世紀後半の都市改造でゼムリャノイ・ゴロドを囲んでいた城壁の跡に環状道路がつくられた。

違って、モスクワは伝統的に「教会の町」でした。教区教会のかなりのものはロシア人にとくに人気のある「奇跡の人、聖ニコラ」の名前がつけられていたのです。「教会の町」としてのモスクワについて、忘れてならないのは「古儀式派」の問題です。十七世紀半ばにロシアでは総主教ニコンによる教会儀式改革がおこなわれますが、多くの信者がそれを批判して教会を離れていったという歴史があります。彼らは「ニコン以前の」古い儀式を守ったということから、古儀式派あるいは分離派、旧教徒と呼ばれています。

古儀式派教徒たちはその後厳しい迫害を受けるのですが、「啓蒙君主」であった女帝エカテリーナ二世の寛容政策によって、「聖なる都」モスクワに帰ってきます。彼らはモスクワの東北の外れのプレオブラジェンスクとロゴジスクに小さなコミュニティを築きます。

一七七一年にモスクワで六万人の命を奪ったペストが蔓延しますが、彼らはその救護に尽力したこともあって、徐々にその社会的、そして経済的な力を蓄えていきます。先ほどモスクワの繊維産業について述べましたが、大きな企業経営者のなかには古儀式派教徒が少なからずお

ヴァシリー聖堂:モスクワの「赤の広場」に建つ色鮮やかなこの教会は、イワン雷帝による1551年のカザン・ハン国の併合を記念して建造された。広場の前の「ローブノエ・メスト」ではツァーリの勅令が告げられていた。
Photo by AFLO

モスクワの貴族の館：首都移転後も、貴族たちはモスクワに館を構えて大勢の召使いに囲まれて暮らした。日常の食糧品などは地方の領地から農民によって定期的に運ばれてきており、クロポトキンの『思い出』によると貴族たちはそうした自給自足を誇りとしていた。

りました。その勤勉な経済倫理によって事業は拡大の一途をたどるのです。

けれどもモスクワは政治的な中心であることを止めました。歴代の皇帝たちはクレムリンの内部にあるウスペンスキー聖堂で戴冠式《たいかんしき》をあげるのが慣例で、しばしばモスクワを訪問しています。モスクワっ子は彼らを「皇帝」ではなく、伝統的な「ツァーリ」として暖かく迎え、彼らの即位を祝いますが、政治に直接的な意味をもつことはなくなったのです。

貴族たちもペテルブルクでの勤務から引退すると、モスクワかモスクワ近郊の別荘で寛ぐことを好む傾向にありました。また冬をモスクワで過ごす貴族たちは少なくなく、冬季にモスクワの人口は五万人ほど増えただろうと推測されています。というのも彼らは単身であったわけではなく、一緒に大勢の召使いを引き連れてやってきたからです。

このようにモスクワはペテルブルクとは異なる役割を果たす「古都」というふうに性格を変えつつあったのですが、ここでは帝政ロシアを通してモスクワとペテルブルクは二つの首都、「両首都」と呼ばれていたことだけ留意しておきたいと思います。

ウォッカとお茶

国家の専売だったウォッカ

ロシアの民衆というよりも、国民的な飲み物といえばウォッカとお茶です。ウォッカは十四世紀末頃に起源をもつとされますが、ライ麦を原料とする無色透明で微臭の蒸留酒です。ウィスキーやブランデーのような豊穣な味わいや香りはなく、むしろ純粋なアルコールに近い飲み物です。四〇度が標準ですが、もっと度の強いものも珍しくはありません。

ウォッカなどを売る居酒屋（カバーク）は十六世紀にみられ、帝政期には普及しますが、その醸造と販売はほぼ一貫して国家の独占と専売でした。消費量が多いため、その税収が財政に大きな比重を占めたためです。女帝エカテリーナ二世の治世末には国家歳入に占める酒税の割合は約三〇パーセントにも達しています。

ロシア人は「天性の大酒飲み」といわれ、ひそかに「密造酒」をつくって対抗しますが、十九世紀以降もアルコール問題は深刻化していきます。政府は過度の飲酒の弊害や節酒を呼びかけたりしていますが、税収の多くを依存する状態は続きます。つまりロシア人だけでなく、彼らの政府もアルコール依存症になっていたのです。

「豊かさの象徴」サモワール

お茶は中国からの輸入で、最初の例は十七世紀です。けれども一般に紅茶を飲む習慣が定着するのは十八世紀半ば以降のことです。ロシアは国境の町キャフタで中国とバーター貿易をしていましたが、担い手のイルクーツク商人たちは毛皮を輸出して、紅茶を輸入します。

一七九〇年代からお茶の輸入は増加の一途をたどり、次の世紀にはロシア人の日常生活に欠かせない飲み物となります。それにともなってロシアの喫茶道具として知られるサモワールという湯沸かし器も普及します。当初は貴族の家庭でさえ稀な調度品であった真《しん》鍮《ちゅう》製のサモワールですが、十九世紀半ばには都市住民、さらには農民世帯の「豊かさの象徴」になったのです。製造の中心地はトゥーラ県で、そこには二八もの工場が操業していたのです。

クストージェフ画「お茶を飲む商人の妻」：ボリス・クストージェフ(1878〜1927)はレーピンの弟子で、ロシアの伝統芸術に注目した作品群や商人の家族を多く描いた。

3 「女帝の世紀」と地方のロシア

なぜ「女帝の世紀」になったのか

ピョートル大帝が亡くなったのは一七二五年一月のことですが、それから女帝エカテリーナ二世が権力を握る一七六二年六月までの三七年間、ロシアの帝位に就いた六人は凡庸な人びとばかりであった、という評価は今も昔もほとんど変わっていません。しかも男の皇帝はいずれも短命に終わり、そしてエカテリーナ二世の長い治世が続くという「女帝の世紀」を迎えたわけです。いったいどうして、このようなことになったのでしょうか。まずこの問題について、簡単にみておきましょう。

ピョートル大帝死後に権力を握ったのは彼の寵臣《ちょうしん》たち、とりわけアレクサンドル・メーンシコフです。彼は子供の頃モスクワの町で「ピローグ」という饅頭の売り子だったという噂があり、平民の子です。たまたまピョートル少年と出会い友だちとなり、ついには彼の右腕として戦争と改革に尽力します。

こうして立身出世して莫大な富を蓄えたメーンシコフと彼の仲間にとって、最も都合がよかったのは、ピョートル大帝

ピョートル大帝の右腕、メーンシコフ：アレクサンドル・メーンシコフ（1673～1727）はピョートル帝の事業の協力者であったが、地位を利用して尨大な富を蓄えた。権力欲も強く大帝死後一時的に権力を握るが、失脚して家族とともにシベリアのベレゾフに流刑された。

トルストイ伯爵：ピョートル・トルストイ（1645～1729）は反ピョートル派であったが、能力を買われてイスタンブール大使となった。また皇太子事件でピョートル帝を助け伯爵の位を受けた。だが大帝死後にメーンシコフによって失脚させられ、流刑先で亡くなった。トルストイ家はのちに多くの優れた人材を輩出したが、長寿の家柄でもあった。作家レフ・トルストイもその１人である。

ピョートル２世：ピョートル２世（1715〜30）は「皇太子アレクセイ」の子供で、大帝の孫にあたる。名門貴族ドルゴルキーの娘との結婚を控えた1730年１月に天然痘を発病して亡くなった。

女帝エカテリーナ１世：エカテリーナ（1684〜1727）はリヴォニアの下層民の出であったが、最初はメーンシコフ邸で仕え、次いで大帝と同棲したのちに正式に結婚した。女帝として即位したのは41歳のときで、２年後に病死した。

女帝アンナ：アンナ（1693〜1740）はピョートル大帝の異母兄イワン５世の娘である。ドイツの小公国クールラントの公に嫁いだが、公の死去のために異国で孤独な暮らしをしていた。

イワン６世：女帝アンナの死後擁立されたイワン６世（1740〜64）はまだ赤子で、母親が摂政となった。ピョートル帝の娘エリザヴェータを担ぐ一派のクーデタですぐに退位させられ、シュリッセルブルク要塞に長く幽閉された。そして24歳のとき、逃亡のかどで殺害された悲劇の人であった。

妃エカテリーナを担ぐことでした。というのは、皇太子アレクセイ事件（コラム二三頁参照）のために、男子の後継者をもたなかったピョートルは、一七二二年に「現在統治しているものが後継者を指名する」という内容の新しい帝位継承法を定めますが、指名することなく世を去ったからです。

こうしてロシア初めての女帝が誕生したわけですが、もちろん実権を握ったのはメーンシコフ等でした。けれどもエカテリーナは二年後に病死すると、今度は旧貴族たちの巻き返しが始まって、メーンシコフは失脚します。大帝の孫にあたる一二歳の少年がピョートル二世として即位しますが、一七三〇年にあっけなく病死したのです。

アンナ、エリザヴェータ、そしてエカテリーナ

後継者として選ばれたのがアンナです。大帝の腹違いの兄イワン五世（先に述べた「二人のツァーリ」の一人）の娘で、クールラントという小さな公国に嫁いだものの未亡人となっていたのです。古い名門貴族たちはアンナに「条件」を提示して、その受諾を迫ったのです。それは専制君主の権限を大きく制約するもので、女帝を「操《あやつ》り人形」とするものでした。そのことが公になると、一般の貴族たちの反発があらわれます。それをみたアン

ピョートル3世：ピョートル3世（1728〜62）はドイツの小公国に嫁いだピョートル大帝の娘の子供、つまり孫である。ドイツ暮らしが長く、また当時のプロイセン国王フリードリヒ２世の崇拝者で、ロシアの事情には無理解であった。

女帝エリザヴェータ：ピョートル帝とエカテリーナとの間にできた娘であるエリザヴェータ（1709〜61）はピョートル２世の死去によって有力な後継者と目されたが、新旧の貴族たちの権力抗争のなかで危うい立場におかれた。1741年11月のクーデタで即位したのち、在位は20年に及んだ。

ナは「条件」を記した紙を破り棄て、これまでどおり専制君主としてロシアを統治することを宣言したのです。こうして女帝アンナは寵臣《ちょうしん》でドイツ人のビロンとともに、一〇年間と比較的長く政治を担当したのです。

　ロシアの歴史家はかつてアンナの治世を「ドイツ人が支配した暗黒の一〇年間」と否定的な評価を与えています。これは再考の余地があります。ピョートル大帝以来、ロシアはドイツから多くの人材と制度を導入することで、近代的な国家形成に努め、かなりの程度「成功」してきました。また十九世紀に入ると、歴代の皇帝たちはドイツから妃を迎えています。

　このように「西欧化」とは、もう少し限定すると「ドイツ化」でもあったのです。けれどもそれは政府のレベルのことで、大多数の人びとが構成する社会では「ドイツ人嫌い」が浸透していたことも事実です。「勘定高い」「金銭的」というのがドイツ人に対するロシア人の一般的な反応だったのです。

　アンナは一七四〇年に亡くなり、またしても後継者をめぐる騒ぎが繰り返されます。後継者として擁立されたのはアンナの姪の子供で、一歳にならないイワン六世でした。母親が摂政《せっしょう》となるのですが、その人事に不満を持ち、立ち上がったのがピョートル大帝の実の娘エリザヴェータを支持するグループでした。クーデタで彼女が新しい皇帝になったのです。

　エリザヴェータは大帝の政治理念を掲げて、ロシア人を登用して政治の刷新をはかります。後継者についても自分の政府の安定のためにも選考を急ぎます。選ばれたのはホルシュタイン公に嫁いだ亡き姉の息子で、皇太子ピョートルとなります。さらに皇太子妃としてプロイセンの将軍の娘ゾフィーに白羽の矢を立てます。彼女もこれを受けて、ペテルブルクに来て、エカテリーナと改称します。

　エリザヴェータは治世の後半には「統治」への情熱が冷め、ありとあらゆる贅沢に身を委ね一七六一年末に亡くなります。今度はピョートル三世が順当に即位しますが、ロシアにきて以来彼の評判は芳しくありません。当時ロシアはプロイセンと戦争していたのですが、新しい皇帝は大変なプロイセン贔屓《びいき》で、即位後まもなく軍隊の引き上げを命令し、一切の賠償も求めずに休戦します。相手はフリードリヒ二世、つまりのちのフリードリヒ大王で、彼は窮地を救われたわけです。

ピョートル三世は正教会もプロテスタント風に改めようとしますが、ここに至って貴族たちは再びクーデタを計画、決行

女帝エカテリーナ２世：エカテリーナは、プロイセンのフリードリヒ大王、オーストリアのヨーゼフ２世と並ぶ「啓蒙君主」とされる。ピョートル大帝の改革が上からの強制であったのに対して、彼女は個人の「自発性」「自由」を重視した。時代の違いとともに、支配者としての個性の違いがあった。

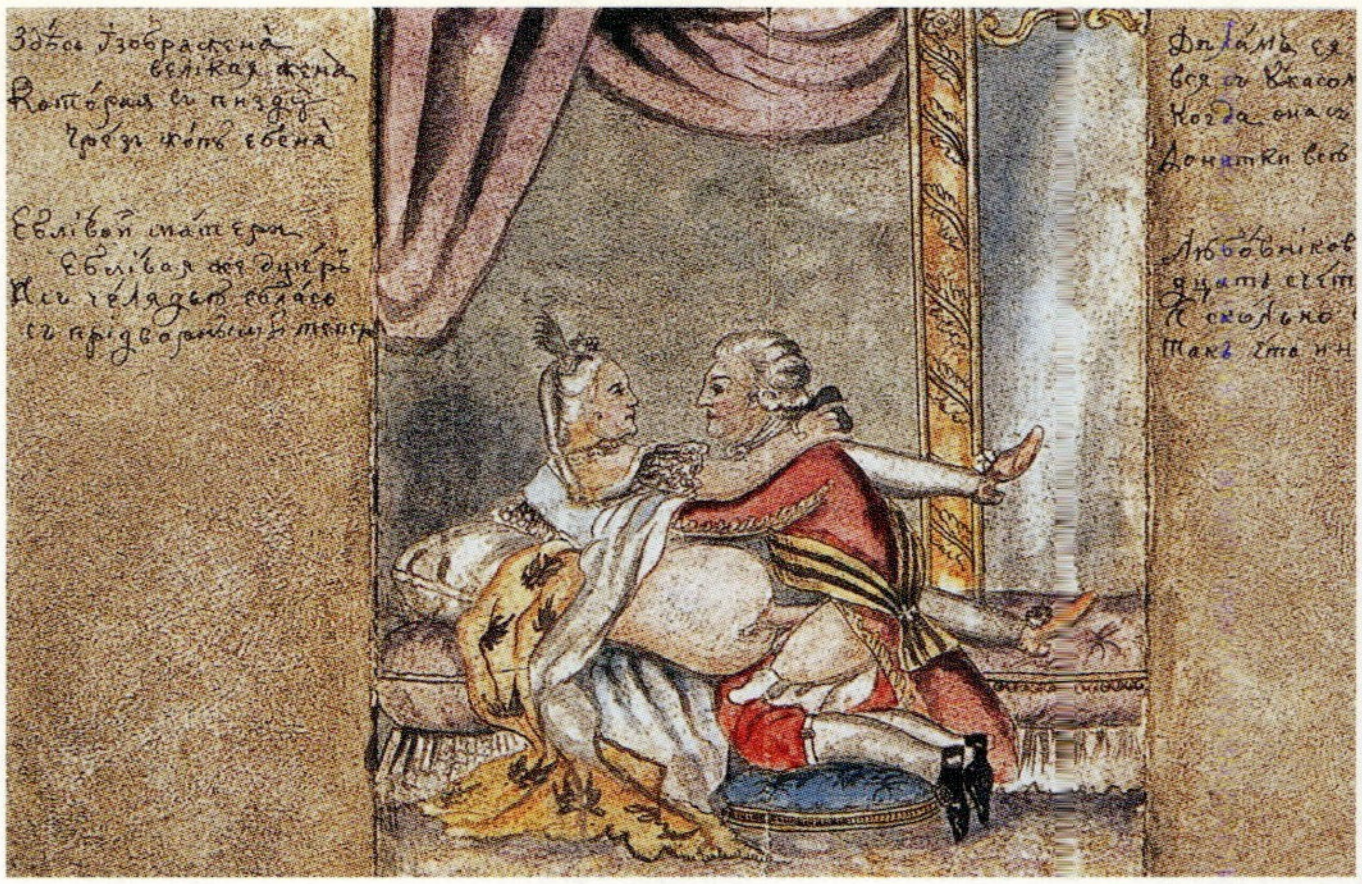

女帝と愛人ポチョムキン：2人の間には「秘密結婚説」があるが、女帝は「王冠を戴いた娼婦」という世評のためにポルノグラフィーの格好の標的とされた。1790年代。

ポチョムキン：グリゴリー・ポチョムキン（1739〜91）はエカテリーナ2世の治世の後半に権力を握った。豪華なクリミア視察旅行を企画して、「ポチョムキンの村」と揶揄される見せかけの豊かな村をつくった。

します。ピョートル三世は殺害され、貴族たちによって担がれた妃エカテリーナの治世が始まったわけです。

エカテリーナ二世は「純粋な」ドイツ人で、ロシア人の血は一滴も流れていません。しかし彼女はロシアにきてから熱心に言葉を学び、慣習に溶け込む努力をして、周囲の評判がよかったのです。

こうして三四歳でロシアの帝位に就いた女帝は、当時のヨーロッパに流行していた啓蒙《けいもう》思想を「武器」にして、ロシアの開化を図ることで「ヨーロッパの大国」にのし上げた功労者です。プロイセン、オーストリアとともに「ポーランド分割」を断行して領土を大きく拡大するとともに、懸案のクリミア・タタールを併合します。

さらに寵臣ポチョムキンとともに、ロシアの領土を黒海まで広げ、黒海艦隊を創設したのです。ポチョムキンは「新ロシア」の総督として女帝を強く支えますが、彼女との秘密結婚説もあります。エカテリーナにはその他にも大勢の愛人（一ダースという説があります）がいたことは事実ですが、彼女は政治と寝室を区別していたのです。

エカテリーナの地方改革

女帝エカテリーナの業績のひとつに地方改革があります。ピョートル以前のロシアの地方、つまり約二五〇の「郡」を治めていたのは中央から派遣された貴族でした。つまり地方長官（ヴォエヴォーダ）による恣意《しい》的《てき》な支配が続いてきたのです。ピョートル大帝はこうした地方に抜本的な改変を加えます。

新しく県制を導入してロシアを八県に分け、また行政と裁判の分離という先進的な改革を試みますが、これに失敗します。彼の死後、ピョートル以前の体制が復活しますが、県制だけは残り、徐々に細分化されます。エカテリーナの即位のときは二五県に分割されていました。けれども県行政は形式的なもので、郡の「地方長官」のワンマン体制にはさほど変化がなかったのです。

一七七五年一一月、エカテリーナは県

ヤロスラヴリ県知事メリグーノフ：エカテリーナは地方行政の充実という点で大きな成果を挙げた。女帝は県知事に大物を派遣したが、ヤロスラヴリ県知事となったメリグーノフ（1722〜88）はかつてピョートル３世側近の貴族であった。

行政の改革のための基本法を出して、まず県制の形式的な基準を決めます。それによると、一県あたりの人口は三〇から四〇万人、一県あたり一〇から二〇の郡をおき、一郡の人口は二、三万人とする。これによって四一県と大幅に増え、世紀末までにシベリアを除くいわゆる「ヨーロッパ・ロシア五〇県」という明確な地域区分ができあがったのです。

郡の数も世紀末には四九三にまでなります。県庁所在都市についてはとくに問題はありませんが、郡の中心都市となると、話はべつです。たとえばヤロスラヴリ県は一二郡（のちに一〇郡に編成替え）に分割されましたが、そのうち七郡の「郡庁所在都市」は大きな村や商工業集落（ポサード）が「都市」へと格上げされたものです。

エカテリーナの地方改革にはもうひとつのねらいがありました。それはいわば地方分権で、地方貴族を行政に参加させようとするものです。中央から派遣され、「国の利益」と「自分の懐《ふところ》」しか眼中にない「地方長官」に対して住民は強い不満がありました。女帝はこれを踏まえて、在地の貴族たちを身分団体に組織します。そして彼らの互選で郡警察署長や裁判所の判事などの地方役人、裁判官を選ぶという新しい方法を導入したのです。この結果、三年に一度、たいていは冬期間に全国各地で貴族集会が開かれ、そこでは役職者の選出のほかにさまざまな問題が話し合われたのです。

富裕な貴族も、貧しいものも同等に貴族集会に参加します。たとえば先のヤロスラヴリ県の最初の貴族集会は一七七七年におこなわれ、七〇五名の貴族が出席します。けれども「最初の熱狂」が冷めると出席率はみるみる低下します。一七八〇年には四〇一名、一七八三年には三〇一名です。その背景としては、県の貴族集会には独立性が欠けていて、県知事による「恣意的な権力」から守られていなかったことにあります。こうして貴族集会は単なる社交の場、娘の縁談とかゴシップの話題、ビジネスなどが参加の誘因となり、形式的なものになっていったのです。

ヤロスラヴリ市の紋章：エカテリーナは都市に「恵与状」を与えて、さまざまな特権を認めたが、紋章もそのひとつである。ヤロスラヴリは町の起源伝説から熊の文様を使ったが、熊は古来ロシア人の愛玩動物であった。

けれども女帝エカテリーナの地方改革は、その他の面で大きな成果をあげます。地方都市では都市計画プランが作成され、また印刷所が設立されます。とくに県知事のもとにおかれた「社会福祉局」の設立は注目に値します。そこで孤児院、病院、養老院、あるいは薬局などの設立と監視を扱い、そのためにかなりの財政支出がなされます。

　さらに一七八六年からは初等教育機関、つまり小学校（二年制、四年制）の設立がなされ、これも「社会福祉局」の管理下におかれます。六年後には全国で三〇二校が設立されていて、男児一万六三二二名、女児一一七八名がそこで教育を受けたのです。

　啓蒙君主である女帝は、教師は聖職者ではなく、世俗の人が望ましいと考えていましたが、当時のロシアではそうした人材はほとんどいません。結局は司祭やその子弟が務めたのです。学校の規模も整備も大変プリミティヴなものですが、ともかくも女帝のもとでロシアの初等教育が始まったのです。その他にペテルブルクには、一七六四年に貴族の子女のための「スモーリヌイ女学院」が設立され、三〇年後には四四〇名が課程を修了しています。

　地方改革はピョートル大帝以来の懸案ですが、直接的なきっかけはその前の年に鎮圧されたプガチョフの蜂起《ほうき》にあったというのが通説です。つまりドン・コサックであったプガチョフがクーデタで退位・殺害された故ピョートル三世の名を騙《かた》って（「偽のツァーリ」）、コサックや帝国内の他の被抑圧民族、そしてウラルの農民たちを決起させた大反乱です。

　そこにはヴォルガ中流域に住む遊牧民バシキール人のようなイスラム教徒も含まれています。彼らはロシア人の侵出によって経済的な略奪にさらされ、宗教的な抑圧も受けていました。反乱は一七七三年に始まり、翌年に鎮圧されていますが、帝国南部の地域に波及してとどまるところを知らなかったのです。

　こうした「地方の無力」を危惧したエカテリーナによって立案されたのが地方行政の再編であったのです。したがって女帝の地方改革は、現在の意味での「地方分権」ではありません。女帝はロシア

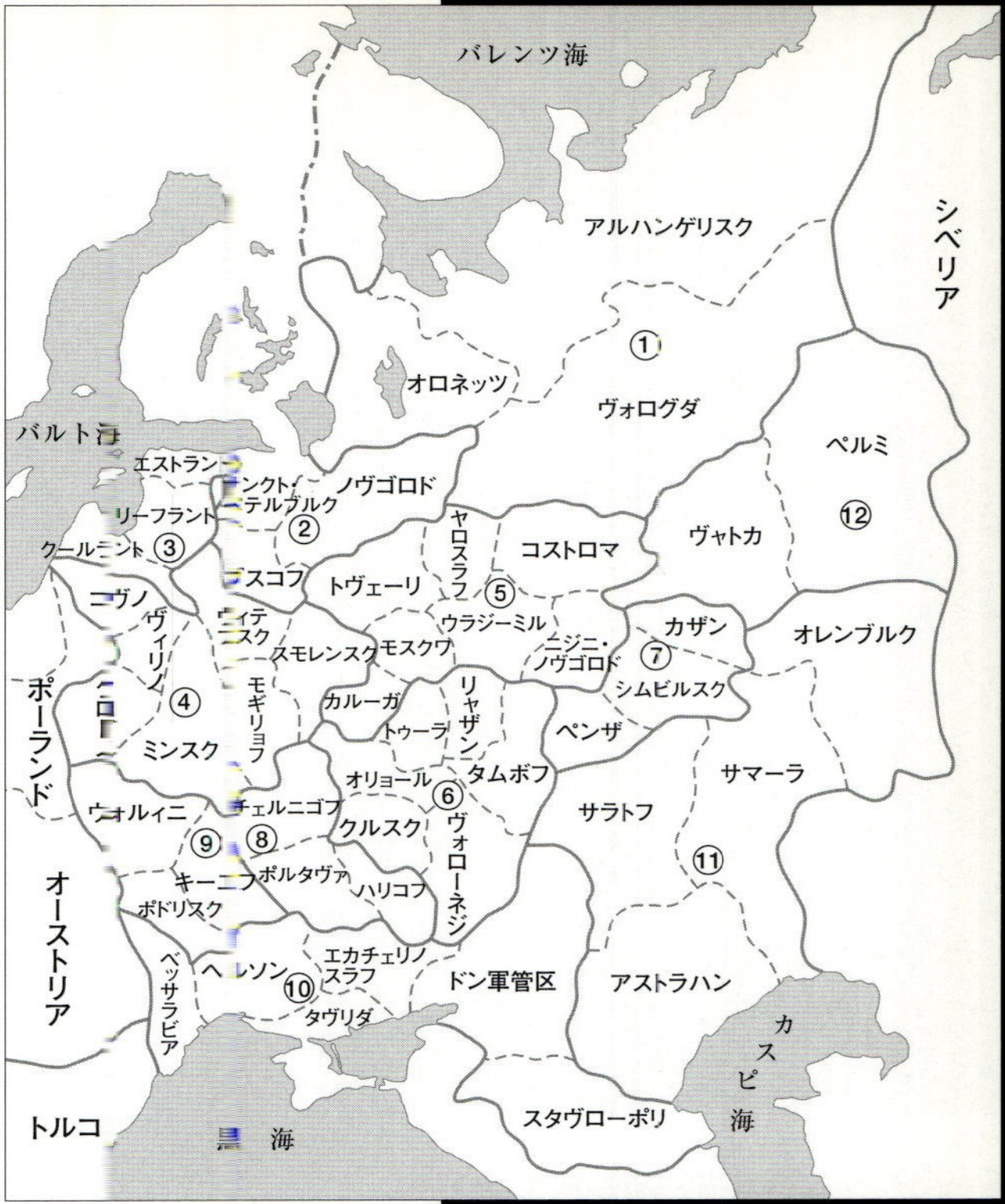

ヨーロッパ・ロシア50県とその地域区分：①北部、②北西部、③沿バルト、④西部、⑤中央非黒土、⑥中央黒土、⑦中部ヴォルガ、⑧ウクライナ左岸、⑨南西部、⑩南ステップ、⑪南東ステップ、⑫沿ウラル

スモーリヌイ女学院の少女たち：貴族の子女のために1764年に設けられた学校で、６歳以上の子女を対象とする12年制の特権的、閉鎖的な教育機関である。年齢に応じて制服の色で分けられた４クラスがあり、全体の定数は200名であった。神の法、外国語、手芸・裁縫からダンス、社交術まで多彩な教科がそろえられた。写真は19世紀末。

のような広大な国家では専制君主が必要不可欠だとしています。より効率的に治めるために地方改革が必要だという女帝に見向きもされなかった人びとがいます。「地方のロシア」の大多数を占めた農民たちです。

農民の生活世界

帝政ロシアは「農民の国」です。十八世紀ロシアの都市住民は人口の四、五パーセント程度で、取るに足りません。ひとくちに農民といっても、国有地農民、御料地農民、修道院農民、そして貴族領農民といろいろですが、いずれも「農奴《のうど》制《せい》」の下におかれていました。つまり農民たちは移動、結婚の自由をもたず、領主裁判権に服していたのです。

具体的にいいますと、町へ外出したり、出稼ぎにいく場合には必ず領主、あるいはその代理人の許可が必要ですし、国内旅券（パスポート）を携行しなければなりません。娘を嫁に出す場合も許可を得なければならず、認められない場合もあったのです。

農民に制裁を加える領主：ロシアの農民のほぼ半数は貴族の支配下におかれた「農奴」であった。農奴制下のロシアにあっては、重罪を除いて領主が農民の「犯罪」行為に対する刑事にして裁判官であった。「鞭打ち」という野蛮な処罰によって、稀に死に至るケースもみられた。

領主裁判権というのは、殺人などの重罪を除いて、軽犯罪については領主（あるいは、代理として領地管理人）が裁くというもので、農民たちはささいなことで鞭打《むちう》ちと罰金という刑を受けたのです。このような人格的支配をともなうのが「農奴制」です。この点で一番厳しい状態におかれたのが貴族領の農民で、国有地農民は「自由農民」に近かったという見方があります。けれども国有地が「ツァーリの一筆で」貴族に下賜《かし》されることは珍しくはありません。したがってロシアの農民は共通して「農奴制のくびき」、つまり人格的な無権利の状態にあったとされるのです。

　もちろん農民たちは村の主人である領主の過度の要求や「専横《せんおう》」に反発して一揆に訴え、ときには彼らの殺害という結果に至ったこともあります。それは決して「例外的」として片付けられませんが、同時に注目したいことは農民たちはよりしばしば「逃亡」という手段を選んだという事実です。つまり領主や領地管理人の「専横」に対して、「貧困」や凶作のために、そして徴兵されることを嫌って、彼らは辺境のより自由で、肥沃な土地をめざして村を離れたのです。「逃亡」後も農業を続けたわけですから、これは「不法な移住」ということができます。このような「逃亡」は中世以来ロシアの農民に伝統的なもので、そこには広大無辺なロシアの自然という要因を考えなければなりません。ときには農民たちは村を挙げて「逃亡」したわけですが、領主たちはこれに対し事実上なすすべがなかったのです。

　ロシアの農民の生活を規定したもうひとつの条件は自然、つまり寒冷な気候でした。ロシアの春は遅く、秋は予測がたちません。四月はもとより、九月の降雪も稀ではありません。したがってすべての農作業を短い夏の数か月に集中しなければなりません。

　その反面、冬の労働は多くはありません。村の女性たちは家事労働に加えて麻糸を紡ぎ、布地を織り、家族全員のために肌着や衣服を縫いましたから、年中手を休めるヒマはありません。けれども男たちは農具や橇《そり》の修理とか村の共同作業に出かけるくらいです。そこで春までの副業として運送業や木挽《こび》き、大工、レンガ職人として大都市や各地に出稼ぎに行くことで家計の不足を補います。とくに土地の痩せた「非黒土地帯」に住む農民たちは、農繁期《のうはんき》に村へ戻るだけで、年間を通じて出稼ぎに出る傾向が強くなるのです。

　農民たちにとっての心の拠《よ》り所《どころ》は村の教会です。彼らはキリスト者としてたえず十字を切り、教会の長いお勤めに参加し、そして断食を守ります。文字が読めない彼らは聖書をみたこともなく、「主の祈り」さえ知りませんが、教会司祭のいうとおり、儀式を守ることで魂の救いを信じていたのです。

農奴出身の女優プラスコーヴィヤ：18世紀末シェレメーチェフ家の当主ニコライは17県に21万人の農奴を抱えるロシア最大の領主で、モスクワの館には農奴劇場があった。貧しい農奴の娘プラスコーヴィヤはたまたま主人の劇場に召しかかえられて女優となり、持ち前の美貌と美声で、やがて主人の寵愛をうけた。シェレメーチェフは彼女と結婚して子供をもうけたが、プラスコーヴィヤは出産後間もなく亡くなった。同じく農奴出のアルグーノフ画。1802年。

納屋での農作業：ロシアの農民は、歴史家クリュチェフスキーによると、夏の数か月「熱病にかかったように過度に働き」、他の時期は「強制された怠惰」を強いられていたため、ヨーロッパ人のような「適度な、よく分配された、着実な仕事への習慣が欠けている」。

またロシア人にとってイコン、つまり聖像画は特別なもので、木版にイエスや聖母、諸聖人を描いた単なる絵ではありません。それは「生ける神」として日常的な信仰の対象でした。イコンは農民小屋（イズバー）のなかの最も尊いとされる東南の隅の棚のうえに安置され、灯明《とうみょう》があげられます。出稼ぎ農民たちが携行する身のまわりの品々を詰めた袋のなかにも「お守り」代わりに小さなイコンが入っていたのです。

「土地割替慣行」とは何か

農民たちの労働と生活は一人では成り立ちません。村は昔から共同体に組織されていて、「ミール」と呼ばれていました。「宇宙、平和」を意味するロシア語です。耕作、種蒔き、干草刈り、そして収穫などの農作業はすべて一緒です。三圃制《さんぽせい》農業という点では、同時代のヨーロッパと同じですが、ただひとつロシアの農民はユニークな土地利用方法を生み出しました。それが「土地割替《わりかえ》慣行」です。

毎年春の寄り合いの席で、農民たちは世帯の労働力や口数を目安にして、耕作地（散在する地条）などの増減を話し合います。たとえば息子に嫁をもらった世帯は労働力が増えたことを理由に耕作地の増加を願い出ます。その分彼の負担、つまり地代と税の割当も増えますが、農民世帯にとっては耕作地の増加の方がより収入が増える可能性があったからです。当時のロシア語では「家族の多いこと」と「豊かなこと」は同義語であったのです。

これとは反対に、老いた父親の死亡で労働力が減ったり、あるいは家畜の疫病死というような場合、その世帯は耕作地を減らさなければなりません。土地と負担は一体ですから、そのままだと地代、税の不払いという結果を招きかねません。「支払いの連帯責任」という体制下にある村としては、それでは困るわけです。

こうして毎年のように村人のあいだで、地条の追加、削減、交換などによる耕作地の規模の調整がおこなわれました。これが「土地割替」の原型で、のちにこの慣行は三年、九年に一度という具合に定期化されます。他方で農業生産性という点では、こうした慣行はよくないという指摘は早くからありました。つまり来年他人のものになるかもしれない土地を誰が熱心に世話するだろうか、というわけです。それにもかかわらずロシアの農民たちは「土地割替」の方を選びました。

「土地割替」は、十八世紀末には「スタンダードな土地利用慣行」となります。そして十九世紀末には農民全体の八〇パーセント近くが「割替共同体」の構成員となっていたのです。

ハクストハウゼンと「ミール共同体」の発見

このようなロシア農民の土地利用慣行に注目したのがプロイセンの官僚アウグスト・フォン・ハクストハウゼンでした。

エカテリーナの領土拡大：女帝エカテリーナは黒海北岸にまで領土を拡大し、またプロイセン、オーストリアとともにポーランドを三分割した。さらに滅亡した東ローマ帝国を復活させる「ギリシア計画」が知られており、ヨーロッパ諸国にとっては大きな脅威であった。風刺画「女帝の一跨ぎ」、18世紀末。

彼は一八四三年五月から翌年にかけてロシアの農業事情を調査して、四年後にドイツで『ロシアの国内事情、民衆生活及びとりわけ土地制度』として出版します。

ハクストハウゼンによるロシア農民の「ミール共同体」論は、三つに整理できます。第一に、それはロシア人の国民性を反映した、ロシア太古から存在する制度であること、第二に、すべての構成員が平等に土地の割り当てを受けることができる一種の「組合」であること、そして第三に、この家父長的制度は「純農業的な観点」からすると重大な欠陥をもっているかもしれないが、「国民的・道徳的・政治的な観点」からみると、その欠陥を補って余りある長所をもっていること、以上です。

こうして彼は、ミールは「その平等主義的性格のゆえに」、当時のヨーロッパ諸国を苦しめていた「農村プロレタリアートを生まない」と主張したのです。

ハクストハウゼンの見解は具体的かつきわめて示唆的ですが、もちろん太古から続いているものかどうかはおおいに疑問です。むしろ近代に入ってから生まれたものではないか、という強い批判があります。

また土地割替慣行にもかかわらず、農民世帯は決して「平等」ではありません。農村には大きな貧富の格差があり、その貧富の格差を前提にして「割替」が実施されたからです。したがってハクストハウゼンの見解はそのまま受け取るわけにはいかないのですが、その影響力は大変に大きいものがありました。

とくに一八四八年のヨーロッパ革命に幻滅した「西欧派」の思想家ゲルツェンは、ハクストハウゼンの議論に注目して、「共同体的社会主義」という新しい見解を打ち出すことになります。つまりロシアはヨーロッパのような堕落したブルジョア社会を経ずに「社会主義」へ到達できる。なぜならば、ロシアの農村はすでに「平等」であり、ロシアの共同体原理と西欧の「個」を結びつけることで、ロシア独自の社会主義が実現できるというのです。「ナロードニキ」という十九世紀後半の共同体的社会主義者の萌芽《ほうが》はここにあるのです。

コサック

ステンカ・ラージンの反乱

帝政ロシアの辺境にはさまざまな社会的、民族的な集団が住んでいますが、コサックもそのひとつです。ロシア語では「カザーク」ですが、元来はタタール語で「自由の民」を意味する言葉です。

十六世紀初めからドン河、ヴォルガ河、そしてドニエプル河とその支流の下流域に居住地を形成して、狩猟、漁労、そしてとくに略奪遠征をしていた騎馬遊牧民の集団です。彼らはロシアやポーランドからの逃亡民を受け入れ、しだいに大きく、そしてロシア政府にとっては危険な武装集団になります。当初は独自の民主制をしき平等な社会でしたが、大きくなるにつれて貧富の格差が顕在化してきます。一六七〇年前後のステンカ・ラージンの反乱は貧しいコサックを中心とした略奪遠征から出発して、ついにはロシア政府に対して反乱したものです。反乱後、ドン・コサックはツァーリへの忠誠を義務づけられ、かつての自治はほとんど失われたのです。

ナショナリズムの担い手

帝政ロシアの成立後、コサックは一七二一年からは軍事参議会、次いで陸軍省の下におかれます。コサックの首長は、かつては内部から選ばれたのですが、今や政府の任命制にかわり、そして皇太子が最高指揮官となります。

こうして非正規軍という形で政府軍のなかに編入されたコサックの騎兵軍は、ロシアの戦争に参加し、国境警備にあたり、そしてのちには大都市や工場中心地に駐屯して「秩序の維持」にあたったのです。

帝政末期のコサックの人口は約四五〇万、その三分の一はドン・コサックで、残りはクバン・コサック、オレンブルク・コサックです。軍役に就いているのは全体の一割に満たないのですが、「十月革命」に際しては赤軍と戦い、そして亡命したものも少なくありません。彼らは「ツァーリのロシア」への帰属意識が強く、しばしばナショナリズムの担い手でもあったのです。

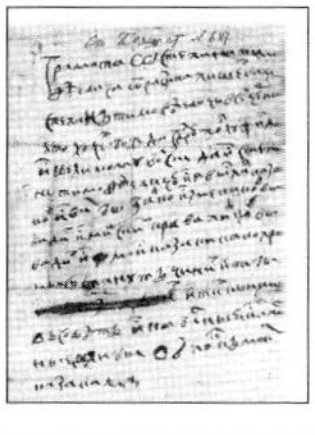

モスクワに連行されるステンカ・ラージン。左は唯一残っているラージン自筆の「魅惑の書」。

4 リベラリズムとナショナリズムの間で

レヴィターン画「ウラジーミル街道」：イサーク・レヴィターン（1860～1900）はリトアニア生まれのユダヤ人である。モスクワ絵画・彫刻・建築学校でサヴラーソフ等に学び、そこで教鞭をとった風景画家である。1884年から移動美術展へ参加するが、フランスのバルビゾン派の風景画、印象派に惹かれた。「白樺林」「春の氾濫」など。「ウラジーミル街道」はシベリア流刑囚が通る道であった。1892年。

フランス革命の影響

十九世紀のロシアをみるとき、私たちは前世紀末のヨーロッパの一大事件、フランス革命の影響から出発しなければなりません。革命がヨーロッパ全体に引き起こした大きな波紋は、ロシアでも例外ではありませんでした。

一七八九年七月に勃発したフランス革命は「自由・平等・友愛」を理念としていたと説明されていますが、流血の革命は国王ルイ十六世の処刑からナポレオンによる権力の掌握まで一〇年以上続いたのです。「革命」が勃発したときの皇帝はエカテリーナ二世でした。すでに述べたところですが、女帝は「啓蒙思想」を武器に「野蛮なロシア」の改革をすすめる「啓蒙専制君主」でしたが、フランスでの事件には拒否反応を示します。国交を断絶してフランスの書物のもちこみを禁止し、さらにフランスからの亡命貴族を積極的に受け入れたのです。

女帝エカテリーナは、またロシア最初の出版人で、ジャーナリズムの先駆者ノヴィコーフを拘束・投獄しました。さらに一七九〇年に刊行された専制批判と農奴制告発の書『ペテルブルクからモスクワへの旅』の著者アレクサンドル・ラジーシチェフを逮捕して、シベリア流刑に処します。「プガチョフよりもひどい悪人」というのが彼に向けられた女帝の言葉です。

このようにフランスの事件以後、エカテリーナは明らかに変わったのです。何よりも、国王処刑という「野蛮な行為」によって王朝の正統性というものを根底から揺り動かした事件を認めることができなかったのです。そうしたなか彼女は一七九六年一一月初め脳卒中で倒れ、亡くなります。六七歳でした。

最後の「宮廷革命」とアレクサンドル一世の即位

女帝エカテリーナの後を継いだのは四二歳の皇太子パーヴェルですが、彼の治世は五年足らずで終わります。病気ではなく、女帝の元夫と同じくクーデタで殺害されたのです。その理由は女帝に疎んぜられ、長い皇太子時代をすごしたパーヴェル帝が女帝の政策をことごとく否定したことに求められています。

貴族たちの特権を削り、農民たちの賦役を「週三日」とする法令を出すことで、貴族たちの反発を強めます。さらに帝位継承法を改めて女帝の可能性を排除します。他方で拘留・流刑に処されたノヴィコーフ、ラジーシチェフを解放しますが、これも彼の「思想」のゆえではなく、女帝の命令を取り消したにすぎません。とくにパーヴェル帝が「革命フランス」に対する反仏同盟から抜けて、「大陸封鎖」のナポレオンと同盟したことは、親英の貴族たちの反感を呼んだのです。こうして英国大使も加わって、ひそかにパーヴェル排斥のクーデタ計画が練られ、一八〇一年三月に決行されたのです。

新しい皇帝アレクサンドル一世は二三歳と若く、熱狂的に迎えられました。少年の頃に祖母のエカテリーナのもとで「啓蒙思想」の教育を受けていた彼はきわめてリベラルな考えを抱いていましたが、同時に父親のパーヴェル帝に対するクーデタ計画を知っていました。そのことは彼の心に深い影を落とすとともに、貴族たちの意向を無視して一方的に自己の意見を貫くことはできないことを認識

アレクサンドル１世：祖母譲りの「啓蒙思想」の子アレクサンドル（1777〜1825）は、ナポレオン戦争に勝利するが、のちに神秘主義に陥るという矛盾を抱えた皇帝であった。後継者を得られず大きな混乱を残した。

させたように思われます。

　彼は即位するとただちに「若い友人たち」を集めて秘密委員会を組織して、さまざまな改革案を実施に移していきます。ピョートル大帝によって創設された中央官庁「参議会」に代えて八つの「省」が設立されます。さらに各省の大臣の合議体である「大臣委員会」が設置されます。

　その後「若き友人たち」が皇帝の対外政策を批判して去ると、こんどは有能な役人スペランスキーを登用します。スペランスキーは立法機関としての「国会」の設置などきわめて大胆な国家改造案を提出しますが、実現したのは国家評議会の設置だけです。これは立法にかんするツァーリの諮問機関で、元大臣などの政府高官と軍人から任命されました。一八一〇年の発足時には三〇名ですが、一世紀後には定員八〇名の「上院」となったのです。

スペランスキー：ミハイル・スペランスキー（1772〜1839）はウラジーミル県の村司祭の息子で、地元の神学校を出てペテルブルクの神学アカデミーへ進み、その教授となった。皇帝アレクサンドルの目に止まり、大胆な国家改造案をまとめた。実現されたのは一部だが、その先見性は高く評価されている。

　アレクサンドル帝は祖母譲りの啓蒙思想の「申し子」で、とくに教育改革ではかなりの成果をあげています。先に述べた八つの「省」のひとつは国民教育省です。全国は六つの大学区に分けられ、モスクワ大学の他に、ペテルブルク、カザン、ハリコフ、デルプト、ヴィルノに大学が設立され、大幅な自治が与えられます。

　プーシキンが通い、最初の卒業生となった「学習院（リツェイ）」が設立され、首都の知的センターとなります。その他に私立の「デミドフ法学院」がヤロスラヴリに、「ベズボロートコ公爵歴史・古文献学院」がウクライナのネージンに設立されています。デミドフ家はロシアの鉱山経営で財をなした家柄、ベズボロドコはエカテリーナ二世、パーヴェル帝に仕えた寵臣で、莫大な領地の下賜を受けた貴族です。各県には小学校、ギムナジ

プーシキン：アレクサンドル・プーシキン（1799〜1837）は由緒ある貴族の家に生まれた。母方の祖父はピョートル大帝に仕えたエチオピア出身の黒人の貴族であった。「学習院」の学生時代から詩作を始め、のちのデカブリストたちとも親交があった。「エヴゲニー・オネーギン」、「ベールキン物語」、「青銅の騎士」などで知られるロシアの国民的詩人である。モスクワのトヴェーリ通りのほか、多くの記念碑が建てられている。

ボロディノの戦い：モスクワの西方でのナポレオン軍との戦い。両軍とも大勢の戦死者を出したが、決着がつかなかった。ロシア人義勇兵も少なくなく、ナショナリズムの高揚をみた。レフ・トルストイの『戦争と平和』はこの戦いを素材としたものである。

フランス人を倒すロシア兵：「ルボーク」と呼ばれる民衆版画。19世紀前半。

ヤなど約五〇〇〇の教育機関が設立され、約三万四〇〇〇人の生徒たちが通学しています。このように教育システムの体系化がはかられたのです。

「大祖国戦争」

けれどもアレクサンドルの外交政策は一貫していません。一八〇五年にオーストリアとともにアウステルリッツでナポレオンのフランス軍と戦いますが、彼のまずい戦略もあって連合軍は敗北します。テルジット条約が結ばれて、ロシアは大陸封鎖のフランスとの同盟に戻りますが、これは貴族たちの強い不満を引き起こしてしまいます。何よりもこの条約はロシアの国際的な威信とロシア人の「愛国心」を傷つけたからです。アレクサンドルはそうした空気を敏感に感じて、ひそかにフランスとの戦争の準備に入ります。今度は若い貴族たちは皇帝を支持したのです。

一八一二年六月ナポレオン軍はネマン河をわたってロシアに侵攻します。ロシア軍は例によって「焦土作戦」をとると

ナポレオンとアレクサンドル1世：アレクサンドルは1807年にナポレオンとネマン河畔のテルジットで妥協的な講和を結んだ。

ともに、かつての英雄、老クトゥーゾフを将軍に起用します。そして「国民」の「愛国心」に訴えると、義勇兵たちが続々と参戦します。決戦の場はモスクワの西一一二キロメートルのボロディノで、ロシア軍一五万五〇〇〇人、フランス軍一三万五〇〇〇人の規模です。八月二六日の大戦闘で、両軍あわせて七万人以上の死者を出します。決着はつきませんが、ロシア軍の打撃の方がはるかに大きく、クトゥーゾフはさらに後退を余儀なくされたのです。

　こうしてナポレオンのモスクワ侵攻が目前に迫っていた九月一日、クトゥーゾフは軍の作戦会議でモスクワの明け渡しという大胆な提案をします。「モスクワを失ってもロシアを失うわけではない。しかし軍隊が全滅すれば、モスクワとロシアが滅びる」。こうしてモスクワからの軍隊の撤退が決定され、そして二七万五〇〇〇人の市民たちの疎開が始まります。

　作家カラムジーンも妻子をヤロスラヴリに疎開させて、自身は「わが軍がモスクワを生《い》け贄《にえ》にしたその日に」町を離れます。モスクワに残ったのはわずか一万人ほどでした。

　一一万のナポレオン軍が「空っぽなモスクワ」に入城したその日の夜、町の数か所で火の手があがります。モスクワ総督の命令です。乾いた空気と折からの強風のために、モスクワは「火の海」と化したのです。大火は五日目にしてようやく鎮火しますが、モスクワの建物全体の三分の二が灰燼《かいじん》に帰《き》したとされます。

　ナポレオンのフランス軍は間もなく食糧不足に陥り、外から絶え間なく攻撃するロシア軍に手を焼きます。和平交渉を求めるナポレオンに対して、アレクサンドル帝は、「わたしは祖国の恥に調印するよりは、ヒゲをのばして、わが農民たちと一緒にジャガイモを食べることに同意する方がましだ」と拒否します。もはやナポレオンの撤退は避けられません。

　モスクワ入城から三六日後、フランス軍は撤退を始めますが、彼らを襲ったのがロシア軍とパルチザン、そして零下二〇度の冬将軍《ふゆしょうぐん》でした。飢えと寒さのために多くの兵士が斃《たお》れ、ロシア軍の執拗な攻撃によってフランスの遠征軍はほぼ壊滅したのです。ナポレオンは夜陰《やいん》にまぎれて軍を離れ、辛うじてパリへ戻りますが、翌年一〇月にはライプツィヒでの同盟軍との戦いにも敗れます。彼は退位を迫られ、エルバ島に流されたのです。

戦後のアレクサンドル帝

　ロシア皇帝アレクサンドル一世は、こうしてナポレオン失脚の立役者となり、その直後のウィーン会議をリードしました。ナポレオンがつくりだした「ワルシャワ大公国」は「ポーランド立憲王国」

カラムジーン：ニコライ・カラムジーン（1766〜1826）はシンビルスク市に生まれ、ほとんど独学で当時最高の知識人となった。フランス革命前後のヨーロッパを旅して、帰国後『ロシア人旅行者の手紙』や『哀れなリーザ』を発表することでロシア近代文学の道を拓いた。さらに歴史編纂官として『ロシア国家史』の刊行にエネルギーを注いだが、彼の思想は帝国の強大さと繁栄はつねに専制に基礎をおくという保守的なものであった。

モスクワ大火：ナポレオンのモスクワ侵攻に際して、モスクワ県知事にして総督ラストープチン伯爵の命令で町に火が放たれた。ナポレオンの撤退後、町はすぐに再建されたが、大火によって『イーゴリ軍記』の原本などの貴重な文化遺産が失われた。

に代えられ、みずからその国王を兼ねます。首都ペテルブルクでは竣工されたばかりのカザン聖堂で戦勝の祝賀行事が催され、そこにクトゥーゾフ将軍の遺骸が埋葬されます。対ナポレオン戦争は、のちに「大祖国戦争」と呼ばれます。

けれどもアレクサンドル帝の治世の頂点はそれまでで、戦後彼は宗教に傾くようになります。ロシア聖書協会を設立して、聖書の普及に努めますが、同時にいささか神秘主義に陥ります。宮廷にはさまざまな宗教家が招かれますが、多くは「各種の詐欺師たち」であったといわれています。

政治はもっぱら元陸軍大臣のアラクチェーエフという寵臣に委ねられました。彼は大臣会議、国家評議会、皇帝直属官房のすべてを握る実力者となったのです。彼の悪名高い政策である「屯田兵《とんでんへい》制度」は、戦後の財政逼迫の打開をねらったものですが、強い反発をうけて混乱をもたらしただけに終わります。たとえていえば、アラクチェーエフは領主であるアレクサンドルの有能な領地管理人でした。彼は皇帝本人がその責任、非難を転嫁することができる「避雷針《ひらいしん》」の役割を果たしたわけです。

デカブリスト反乱

アレクサンドル帝は一八二五年一一月一九日、黒海沿岸のタガンロークの別荘で亡くなります。彼には後継者はなく、また次弟のワルシャワ総督コンスタンティンがポーランド人伯爵の娘と再婚していたことから、末弟のニコライが帝位を継承することになっていました。けれども肝心のニコライに伝えられておらず、帝位の空白が三週間にも及ぶという大混乱が生まれたのです。

この機会をとらえて青年貴族たちが蜂起します。アレクサンドル帝とともにヨーロッパに出陣して、そこで自由と立憲政治をみた彼らは、専制と農奴制が支配する祖国の「革命」を夢見たのです。秘

カザン聖堂：1801年から10年の歳月をかけてネフスキー大通りに面して建てられた斬新な構成の教会であるが、ナポレオン戦争の戦勝によってその記念碑的な意味が付与された。名将クトゥーゾフの棺が安置され、聖堂前には銅像が建立された。

密結社を組織して、専制打倒後の政治体制について議論していた彼らに帝位の空白は絶好の機会を与えたのです。

　一二月一四日元老院広場でのニコライ帝への宣誓の日、計画は実行に移されました。軍の部隊を背景に元老院議員たちを説得して、新皇帝への誓いを辞めさせるか、あるいは旧統治体制の転覆を知らせる宣言を出させるという一種の軍事クーデタ計画です。

　けれどもいくつもの誤算が重なったために、この試みは完全に失敗に終わります。反乱者たちは一万を超える軍隊に包囲され、そして壊滅させられてしまいます。逮捕された百数十名のデカブリストたちは（ロシア語で十二月をデカブリということから、彼らはデカブリストと呼ばれています）彼らは裁判にかけられ、そのうち五名が絞首刑にされます。残りはシベリア流刑《るけい》です。こうして立憲君主制への転換の機会はあっけなく失われますが、反乱がのちの歴史に与えた影響は小さくなかったのです。

官僚制の拡充と経済の発展

　デカブリスト反乱後、ニコライ帝が治安の強化をはかったのは当然とみるべきでしょう。まず反政府の「有害な」活動や思想を取り締まるために検閲法が発布され、さらに皇帝直属の秘密警察である「官房第三部」が創設されます。その初代長官は憲兵隊長ベンケンドルフ伯爵で、定員は一六名です。この機関が国民各層の監視にあたったのであり、ニコライ帝の治世末には四〇名まで拡充されます。さらに改組される一八八〇年前夜には七二名にまで増員されており、ロシア社会に暗い影を落としたのです。

　ニコライ帝の治世においてとくに際立っているのは官僚制の拡充です。デカブリスト反乱で貴族たちに不信の念を抱いた彼は、官僚たちに自己の権力の支柱を求めたからです。官僚は増員され、質の向上がはかられます。そのために大学と専門学校卒業生の優先的な任用と昇進、給与の補塡、勤続年数による昇進と表彰、勲章の授与、年金制の実施などさまざまな改革が実施されました。

　またとくにピョートル大帝以来の伝統であるバルト・ドイツ人の採用が積極的に進められます。有能で保守的な彼らはニコライ好みでした。他方で役人たちはフリーメイスンに所属していないことの誓約書が求められ、「好ましくない」役人の解任に躊躇《ちゅうちょ》することはなかったのです。ニコライ帝は法の整備にも熱心で、いったん失脚したスペランスキーを再び登用して、四五巻の『ロシア帝国法大全』および一五巻の現行法を編纂させたのです。

　ニコライの治世には、デカブリストたちがそうであるように、農奴制批判は社会全体に行き渡っていました。彼は新設の国有財産省の大臣にキセリョフ将軍を登用して、国有地農民の生活改善にあたらせるなど改革をしていますが、大きく譲歩することはありません。

　それでもこの時期にロシア経済はかなり発展します。財務大臣カンクリンによる高率保護関税政策によって、国内工業は発展します。綿織物業が中心ですが、甜菜《てんさい》を原料とする製糖業その他の産業も生まれています。そうした工場で働いていたのは出稼ぎ農民たちがほとんどで、「自由な雇用労働者」はまだ少数派であったのです。

　ロシアの穀物輸出は前世紀の六〇年代から定期化していますが、イギリスで穀物法が廃止された一八四六年以後は大きく飛躍します。そのイギリスではすでに第一次鉄道建設ブームの渦中にありましたが、ロシア最初の鉄道建設は一八三七年のことです。ペテルブルクと皇帝の別荘があるツァールスコエ・セローの間を結ぶ二三キロメートルです。大蔵大臣は鉄道に「現代の社会的病弊」をみて建設に否定的でしたが、ニコライ帝は少し違います。一八五一年にペテルブルク・モスクワ間が開通します。モスクワでの治世二五年記念の式典に、彼は汽車でやってきたのです。

　ロシアはヨーロッパのような「中世都

デカブリストの蜂起：貴族の青年将校たちの蜂起はロシア社会に強い衝撃を与えた「最初の革命」であった。夫のあとを追ってシベリアへ向かう「デカブリストの妻たち」を詠んだネクラーソフの詩でも知られるが、妻帯者は少なかった。

市」の伝統がありません。ヨーロッパでは中小の都市が密集していて十五世紀には都市間の距離が二〇キロメートル前後でした。都市民は難なく隣の町へ出かけ、農民たちも徒歩で近くの町を一日で往復することができたのです。ところがロシアでは十九世紀半ばでも都市間の距離は平均八〇キロメートル以上あり、荷馬車でも数日かかります。加えて名高い悪路です。商売に必要な基本的条件である迅速さが欠けていたのです。したがって鉄道建設はロシア経済に大変な便益をもたらすものでしたが、世紀末までその歩みは緩慢だったのです。

ロシア商業の中心地はモスクワでした。「一八一二年の不幸」の後すぐに復興が始まります。ゼムリャノイ・ゴロドを囲んでいた城砦の跡地に、一八二〇年代に環状の並木通りが完成します。人口も増えて、一八三五年にはすでに約三三万六〇〇〇人ですから「大火」の前を上回ります。モスクワの中心の商店街のクズネツキー・モスト、イリインカ、トヴェーリ通りは賑わいます。モスクワは昔から地方とのつながりは密接ですが、バフルーシン、グチコフ、プロホロフなどの地方の商人や「農奴」工業家たちがモスクワで起業して財を成したのです。

ロシア各地の定期市の賑わいも忘れるわけにはいきません。とくにニジニ・ノヴゴロドの近郊のマカリエフ定期市での取引高は厖大なものになります。これには一八六〇年代にヴォルガに蒸気船が就航したこと、そしてモスクワと鉄道で結ばれたことなどがあります。人口八万人のこの町は、定期市の開催中には二、三〇万人に達したのです。ソヴィエト期にニジニ・ノヴゴロドの町はゴーリキーと改称されますが、一八六八年生まれの彼はここで育ち、ヴォルガを往来する汽船の食堂の皿洗いなどをしながら「作家への道」を歩んだのです。

ニコライ１世：ニコライ帝（1796〜1855）はアレクサンドル１世の弟だが、25年の年齢差以上に対照的な人柄であった。ナポレオン戦争後のヨーロッパのナショナリズムを体現しており、この点で同時代のドイツ政治家などと基本的に同じ性格をもつものである。

ナショナリズムの涵養《かんよう》

ニコライ帝の治世はリベラルな歴史家

ヴォローネジの町、1840年代：ロシアの都市の多くは辺境の「要塞」として出発したが、安全になると商業都市として発展した。ヴォローネジはドン河を通して古くからドン・コサックとの商業関係があった。加えて地域一帯で穀物生産が発展したため、南ロシア有数の都市に成長した。1840年代の人口は約30万人。

たちには不許ですが、彼には「国家第一の僕《しもべ》」という強い義務感がありました。彼のモデルはピョートル大帝ですが、時代は新しいイデオロギーを必要としていました。大帝以来のロシアでは、万事においてヨーロッパの制度と文化を借用し、ロシアのそれで潤色してきた。けれどもそのようなやり方では、もはや「国民性」、つまり「国民的な一体性」を保つことはできない、というのがニコライ帝の確信でした。

「我々は外的な生活については「まだ」何かを外国人から学ぶことはできるが、内面的な生活については学ぶことは何もない」。そうした皇帝に格好なイデオロギーを提供したのが、ときの国民教育大臣ウヴァーロフが民衆教育の指針として示した「三つの聖なる原理」、つまり「専制・正教会・国民性」でした。

商人の家族：クチコフ画「商人コーシンの家族」。お茶を前にしたモスクワの商人一家の肖像画で、お茶にモスクワっ子にとって、一日のうちいつでも、1年のうちいつでもお客をもてなす飲み物であるという説明書きがある。1840年代。

　ニコライ帝は、一八三二年宮廷カペラの指揮者の息子アレクセイ・リヴォフに「教会でも軍隊でも演奏でき、また学者にも無学なものにも理解でき、しかも神秘的で力強く、『国民性』が刻印されたような」国歌の作成を命じます。

　途方もなく難しい注文ですが、リヴォフは皇帝の求めに見事に応えます。歌詞はジュコフスキーの詩からとられます。こうしてロシアの栄光のために働くツァーリを護るように神に呼びかけ、ツァーリに対する臣民の深い愛情を示した「神よ、ツァーリを護らせたまえ」で始まる国歌が作成されます。ニコライ帝はおおいに気に入り、すべてのパレードと観閲式で新しい国歌の演奏を命じたのです。

　国歌に続いて、一八三六年には作曲家ミハイル・グリンカによってオペラ「皇帝に捧げた命」がつくられます。ロマノフ家の初代ミハイルがツァーリに選ばれる前夜、ポーランド人の手によって危うく命を奪われるところをコストロマー郡の農民イワン・スサーニンの機転によって救われたという「スサーニン伝説」を知らないロシア人はいません。

　ナポレオン戦争のときにもこの伝説が持ちだされますが、これをオペラ化したのがグリンカでした。イタリア留学から帰国したばかりのグリンカは、オペラというヨーロッパ音楽の形式にロシアの「国民性」、つまり強さと「憂いのない勇敢さ」を盛り込みます。「皇帝に捧げた命」は帝政末まで主要な国家行事には欠かせないレパートリーとなったのです。

　歴史学つまり「ロシア史」もまたニコライ帝の治世に形づくられます。帝国大学にはじめてロシア史講座が設けられ、モスクワ大学ではミハイル・ポゴジン、ペテルブルク大学ではニコライ・ウストリャーロフが担当します。後者は一八三四年からロシア史を講義していますが、とくに専制こそ新しい繁栄、力、そして栄光へとロシア人を束ね、導き、駆り立てるという主張を盛り込んだ彼の『ロシア史』は学校教科書に採用されます。人びとは歴史家を通して過去を理解することを皇帝はよく知っていたのです。

　政府は史料の蒐集と公刊に多額の予算をつけることで、「専制的ロシアの歴史」の研究を促します。ニコライ帝はオリジナルな史料であれ、二次文献であれ、「過去のロシア」を扱ったものであれば、何でも読んだという「歴史好き」の皇帝でもありました。

ゴーゴリ：ニコライ・ゴーゴリ（1809〜52）はウクライナの小領主の家に生まれた。ネージンのギムナジヤを経て、1828年にペテルブルクに上京した。当初は売れない作家であったが、重苦しいペテルブルク暮らしのなかから生まれた風刺的で社会批判的な『外套』、『検察官』そして『死せる魂』などによってロシア文学に新生面を切り開いた。作家ドストエフスキーは「我々はみなゴーゴリから出発した」と語った。

ペテルブルク〜モスクワ間の鉄道の開通：ロシア最初の鉄道はペテルブルクとツァールスコエ・セロー間で、1837年に開通したが、たんなる贅沢品であった。モスクワと結ばれたのは1851年のことで、すでにヨーロッパでは本格的な鉄道建設が進んでいた。

救世主キリスト大聖堂：ナポレオン軍に対する勝利を記念してモスクワ河左岸に建設されるが、世紀末にようやく完成した。スターリン時代の1931年「ソヴィエト大宮殿」建設のために爆破されたが、宮殿は建設に至らなかった。ソヴィエト崩壊後に再建された。

グリンカ：ミハイル・グリンカ(1804～57)はスモレンスクの富裕な貴族の家に生まれ、早くからさまざまな音楽に親しんだ。イタリアでオペラを、ドイツで音楽理論を学んだあとロシアに帰国して、「皇帝に捧げた命」を発表した。その後もオペラ「ルスランとリュドミラ」をつくるなど、のちの五人組やチャイコフスキーにも強い影響を与えた。「ロシア国民音楽の父」と呼ばれる。

オペラ「皇帝に捧げた命」(あるいは「イワン・スサーニン」)：このオペラは帝室の行事には欠かせないレパートリーとなったが、ソヴィエト時代にも「イワン・スサーニン」というタイトルで、とくに愛国心の高揚という見地からさかんに上演された。

そして最後に記念碑の建造です。ペテルブルクの冬宮前に立つ高さ四七・五メートルの「アレクサンドルの円柱」は、対ナポレオン戦争の勝利を記念してニコライが建設を命じたものです。その他、ニコライ帝の治世には少なくとも九三、おそらく一〇〇を超える記念建築物が各地に建てられたのです。

ニコライ帝のこうした一連の政策のねらいは、ひとことでいうと「ナショナリズムの涵養《かんよう》」に尽きます。そしてこれは彼の治世の特徴というよりも、ナポレオン以後のヨーロッパに共通した動きなのです。

オペラ・バレエ・管弦楽

グリンカ、ムソルグスキー、チャイコフスキー

十九世紀のロシアは音楽文化でも国際的な水準の作品を生みだしますが、その最初の功労者はグリンカです。「皇帝に捧げた命」に続いてオペラ「ルスランとリュドミラ」、さらに管弦楽曲「カマリンスカヤ」などを作曲します。

六〇年代の「国民楽派」の作品はそれを受け継ぐものでした。ムソルグスキーの「ボリス・ゴドノフ」、ボロジンの「イーゴリ公」などはとくに有名ですが、リムスキー・コルサコフ、バラーキレフなどの作品も高い評価を受けています。

そして七〇年代に円熟期を迎え、八〇年代には国際的な名声を獲得したのがチャイコフスキーです。数々の管弦楽曲のほかに、「くるみ割り人形」や「白鳥の湖」などのバレエ音楽は今も世界の観客を魅了しています。当初チャイ

「イーゴリ軍記」：左上がイーゴリ公。

フェードル・シャリャーピン：フェードル・シャリャーピン（1873〜1938）は世界的歌手。写真は「ファウスト」のメフィストフェレスに扮したシャリャーピン。

「イーゴリ軍記」：夫の無事を祈る妻のヤロスラヴァ。

ムソルグスキー「ボリス・ゴドノフ」を演じるシャリャーピン：1910年。

マリア・プチパ：フランスから移住して大成功をおさめた天才バレエダンサー。

コフスキーの音楽は民族主義的な傾向を強くもっていましたが、彼の個性は主観的な抒情にあります。他方で帝政ロシアの「桂冠《けいかん》作曲家」という厳しい評価もありますが、世紀転換期にはラフマニノフ、スクリャービン、またはストラヴィンスキーなどが登場します。

ボリショイ劇場、マリインスキー劇場

このような音楽家たちの演奏の檜舞《ひのきぶ》台《たい》となったのがモスクワのボリショイ劇場、そしてペテルブルクのマリインスキー劇場でした。前者の起源は一七七六年ですが、一八二五年に現在地に建設され、帝室劇場となります。

世紀半ばにはグリンカのオペラや西欧の新作オペラの上演で知られ、世紀末には名歌手シャリャーピンなどが舞台を飾りました。後者の歴史も古く、「国民楽派」やチャイコフスキーの傑作がここで初演されたのです。ちなみに彼らを育てたペテルブルク音楽院とモスクワ音楽院は、一八六〇年代に相次いで設立されています。

モスクワ芸術座：1898年にスタニスラフスキー（中央）を中心に演劇本来の社会的使命を果たすために設立された。チェーホフの「かもめ」やゴーリキーの「どん底」などで大成功をおさめた。

ムソルグスキー：ムソルグスキー（1839～81）は「ボリス・ゴドノフ」「展覧会の絵」などの著名なオペラや作曲を残した。レーピンによる肖像画。

ラフマニノフ：ラフマニノフ（1873～1943）は革命後にアメリカに亡命したが、作品のほとんどは亡命前のものである。

チャイコフスキー：チャイコフスキー（1840～93）はロシアが生んだ世界的な作曲家である。

5

「大改革」の時代

クリミア戦争での敗北：クリミア半島を舞台にしたオスマン帝国との戦いは、フランス、イギリスといった西欧列強が参戦したことによってロシアの惨敗に終わった。敗戦は新帝アレクサンドル２世が国内改革に向かう大きな契機となった。絵は主戦場となったセヴァストーポリの爆撃。

ニコライ帝と皇太子アレクサンドル：ニコライ帝（中央）はロシアの軍事力を強化して、「ヨーロッパの憲兵」として「革命」に圧力をかけたが、国内は閉塞状態におかれた。敗色濃いなかでニコライが亡くなると、アレクサンドル（左横）は講和に応じて、「大改革」にのりだした。

クリミア戦争の敗北

ニコライ帝は軍人気質のツァーリで、兵営を理想としていたとされます。一八三〇年にみずからが国王であるポーランドで「革命」が起きたときには、独立運動の指導者を厳しく処罰しただけでなく、それまで認めてきた憲法と国会を廃止してしまいます。さらにヴィルノ大学も閉鎖したのです。

また一八四八年のヨーロッパ革命では、翌年四月にオーストリア政府の要請に応じて一〇万余のロシア軍をハンガリーに派遣します。「ヨーロッパの憲兵」という仇名《あだな》がニコライ帝のロシアにつけられたのも無理もないのです。

一八五三年一〇月、ロシアは再びオスマン帝国との戦争に突入します。いわゆるクリミア戦争で、聖地エルサレムの管理権の問題をきっかけとしていました。緒戦《しょせん》ではロシア軍が勝利しますが、翌年フランス、イギリスが参戦すると、戦況は一変します。オスマン帝国への進出をねらっていた西欧列強にとってこの戦争は座視することはできなかったのです。

そしてロシアはこの戦争で社会と経済の弱さを露呈してしまいます。鉄道は両首都を結ぶだけで、クリミア半島への物資や兵員の輸送もままなりません。海軍の主力もまだ帆船です。攻防の中心となったセヴァストーポリ要塞は三四九日持ちこたえますが、一八五五年八月二七日ついに陥落してしまいます。列強の損害はわずかですが、ロシア軍は数十万人の犠牲者を出します。ロシア人は「イギリス軍のよる虐殺」と呼びますが、ロシアの抱える構造的な欠陥が敗戦の主因であったのです。

アレクサンドル2世夫妻と後継予定者：アレクサンドル2世（1818～81）は1841年にドイツの小公国の皇女マリアと結婚して、皇太子として政治経験をつんだあと、36歳で即位した。後継予定者は長男のニコライであったが、1865年4月に病死したため次男アレクサンドル（中央）が予定者となった。

ペテルブルクの冬宮前でのパレード：ニコライ帝によるナポレオン戦争の勝利記念に立てられた「アレクサンドル柱」（1834）を祝しての軍事パレード。チェルネツォフ画。1839年。

アレクサンドル二世と農奴解放

ニコライ帝は戦色濃いなかで急死して、三七歳のアレクサンドル二世が即位します。彼は講和を急ぎ、一八五六年三月にパリ条約を結びます。ロシアは黒海に艦隊と基地を維持することを禁じられ、黒海は中立地帯としてあらゆる国の商船に解放されることになりました。

さらにロシアはベッサラヴィア南部を失います。アレクサンドル二世はこのような屈辱的な条件に耐えながら、国内改革に踏み出します。新しい皇帝の登場とともに、ニコライ帝の治世を覆っていた重苦しい空気は一掃され、「雪どけ」が始まったのです。

農奴解放令を読み上げる：解放令はほとんど各地方の村の教会で、司祭によって読み上げられた。内容に納得しなかった農民たちは解放令をニセモノと見なし、「真の解放令」を求めて各地で暴動が発生した。

アレクサンドル帝がまず着手したのは最大にして、しかも最も困難な農民問題でした。パリ条約から帰国した三月に、モスクワ県の郡貴族団長たちを前にして、「農民とその領主のあいだには不幸にも敵対的な感情があり、余は遅かれ早かれ、われわれがこのことに決着をつけなければならないと確信している」「されば、下からよりも、上からこれをおこなう方がはるかによい」という有名な演説をしたのです。

こうして翌五七年一月に農民問題秘密委員会が設置され、農奴解放への準備が始まります。保守的な貴族たちの反対の強いなかで、紆余曲折《うよきょくせつ》はありますが、改革派貴族たち、開明的官僚たち、そして叔母エレーナ大公妃や弟コンスタンティン等の強い支持もあって、「共同体の存続並びに有償土地付き解放」の原則が立てられます。こうして一八五九年に法典編纂委員会が設置され、二年後の一八六

インテリたちの集い、1830〜40年代：インテリはロシア語の「インテリゲンツィア」からきている。とくにこの時期にはピョートル大帝以来の「西欧化」路線を支持する「西欧派」、それを批判してロシア古来の道を追求すべきだとする「スラヴ派」との間で論争が闘わされたが、どちらも貴族出身の青年知識人であった。

センナヤ広場のバザール、1845年：ペテルブルクの中心にあるセンナヤ広場は「干草（セノ）」に由来する。近郊の農民たちが町の商業中心地に干草、藁、木材などを運び商ったことから、その名前がつけられた。『罪と罰』の主人公ラスコーリニコフの下宿はこの広場の近くと設定されている。

一年二月一九日に農奴解放令が成立します。この間五年の歳月が費やされたわけです。

解放令の内容について簡単に整理しておきますと、それまで長きにわたって農民を拘束していた人格的な権利は無償で廃棄されました。つまり彼らは「農奴」から「自由農民」となったわけですが、法律では「一時的義務負担農民」と呼ばれます。その理由は最初の二年間はそれまでどおりで、地代などの旧来の「義務負担」を支払うからです。

その間に領主と土地の買い取り交渉に入り、交渉がまとまれば二年後から「農民・土地所有者」となるのです。もちろんほとんどの農民には土地を買い取るお金などありません。そこで国家が立て替えて旧領主に支払い、農民は四九年賦でそれを国庫に返済するという形になります。これが「土地つき有償解放」の基本的な内容です。

「共同体の存続」にかかわる問題もまた重要です。解放前の農民は「共同体農民」で、個人ではなく共同体で農業をしています。しかもロシアの場合には、すでに見たように「土地割替慣行」がありました。したがって農民が買い取った土地は、今後も「村団」というかつての村の共同体に与えられ、買い取り金の返済についても村団の連帯責任とされます。

それまで領主に地代を支払っていたように、今後は国庫に買い取り金をローンで支払うように代わっただけです。各農家の世帯主からなる村会では、土地割替と買い取り金の割当、家族の分割、あるいは村会からの離脱などが話し合われ、決定されますが、これも基本的にそれまでの村の寄り合いと同じでした。

もちろん領主の人格的な支配がなくなったわけですから、新しい組織も生まれています。村団をいくつか集めた「郷《ごう》」が設けられて、農家一〇世帯から一人の代表を出し、「郷会」をつくり、そして郷裁判所を設けます。郷裁判所では農民慣習法にもとづいて係争を処理することになります。したがって郷長は農民自治の代表者ということになりますが、同時に国の行政の末端機構に位置づけられたのです。

以上が農奴解放の中身ですが、これに

ドストエフスキー：フョードル・ドストエフスキー（1821～81）はモスクワの医師の家に生まれた。ゴーゴリの影響のもとに文学への志を抱くが、1839年に父親は村の農奴に殺害され、彼自身も社会主義者の集団に加わって銃殺刑の判決を受けた（執行直前に停止され、懲役に服した）。『罪と罰』『死の家の記録』『カラマーゾフの兄弟』などによって世界的な名声を得たが、みずからの過去の重い経験が色濃く投影されている。

対して農民たちは強く反発します。解放令はたいていは村の教会で司祭が読み上げたのですが、ある教会では司祭が十字を切って読み始めたところ、集まった農民たちが騒ぎ始めます。読み進むにつれて騒ぎはさらに大きくなり、農民たちは口々に「一体これが自由なのか」と本気で騒ぎだし、司祭は読むのを中断しなければならなかったといいます。

　これが解放令に対する農民たちの最初の反応でした。今後二年間は何も変わらず、なんの免除もないという内容に失望したのです。そして多くの郡部で農民たちの騒乱が起きます。なかでも最大の騒乱はカザン県ベズノ村のもので、村には郡内の九〇か村の農民五〇〇〇人が集まり、軍隊と衝突して多くの死者を出します。「無償の土地つき解放」を主張していた知識人たちも改革を批判して、さまざまな行動に訴えますが、この点は次の章でみることになります。

ゼムストヴォ・司法改革・軍制改革

　農奴解放を実現したアレクサンドル二世はのちに「解放皇帝」と呼ばれますが、引き続きさまざまな社会改革に乗りだします。一八六四年にゼムストヴォと呼ばれる地方自治機関が設置されます。これまでも述べたところですが、ロシアの地方行政ははなはだお粗末で、女帝エカテリーナの改革以後も停滞したままです。

　そこで県と郡のレヴェルで財産資格にもとづく選挙を実施して、議員たちによって県会、郡会を構成することで、地方自治の刷新をはかろうとしたのです。県と郡のもとに設けられたゼムストヴォは「地域的・経済的利益および必要にかんする事項」、すなわち道路の整備保全、食糧確保、医療・保健衛生、教育などを扱うものとされます。問題は財源ですが、それは当該地方の住民に課される土地税と森林税をあてるのです。

　ゼムストヴォは西部諸県を除くヨーロッパ・ロシア三三県に設置されます。県会は直接選挙ではなく、郡会からの代表ですから貴族と官吏が多数を占めますが、郡会はそうではありません。発足時の郡会議員一万一九一五人のうち、貴族は四九六二人（四一・七パーセント）、農民は四五八一人（三八・四パーセント）でした。つまり貴族とほとんど同じ位の農民議員が誕生して、文字どおり席を並べたわけですから、画期的ということができます。

　ゼムストヴォの議員はもとより、医者や教師、統計家などそこで働く人びとも地方生活の改善に向けて力を尽くします。内務大臣、県知事には県会、郡会の決定を差し止める権限が与えられていますから限定的な自治ですが、ゼムストヴォが「地方のロシア」の近代化、活性化に果たした役割は決して小さなものではなかったのです。

　同じ一八六四年には司法改革がスタートします。ここでは行政と裁判の分離、

カフカース山脈:黒海とカスピ海の間に連なる山脈で、歴史的にアジアとヨーロッパの境界とされてきた。高さ4000〜5000メートルの山々からなる山脈は1200キロメートルにも及ぶ。
© DeA Picture Library / amanaimages

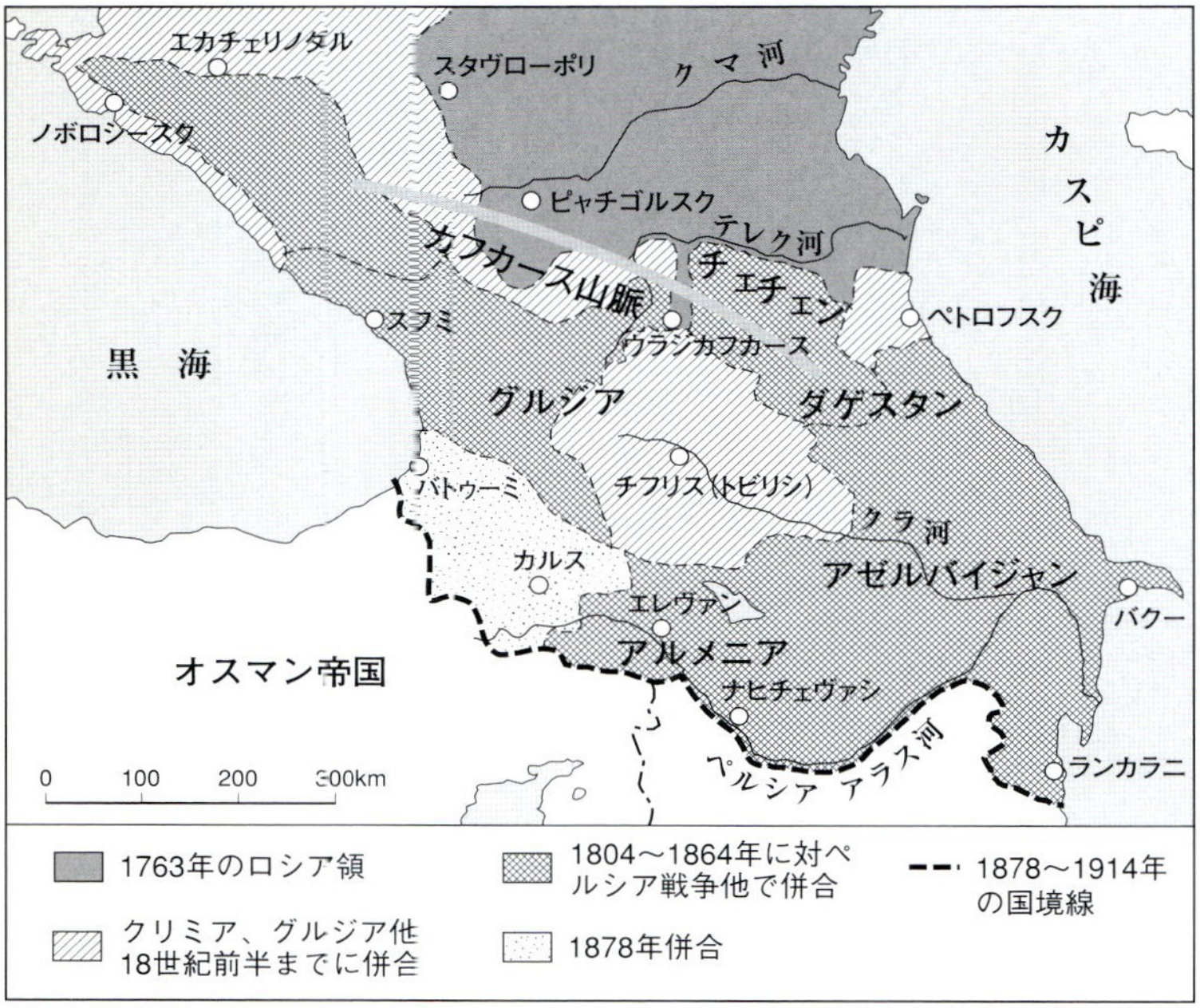

カフカース地方のロシアへの併合

裁判官の身分保障と弁護士制度の導入などによって、初めて近代的な法治国家の体裁が整えられます。また裁判では陪審制が導入され、市民たちに法秩序の維持に関する責任を負わせたことも画期的です。「微罪」については新たに導入された「治安判事」の管轄とされます。彼らが郷会で選ばれたことに示されるように、地域での処理に任されたのです。

軍制改革も同じ年に始まります。陸軍大臣ドミトリー・ミリューチンのもとで軍管区制の導入、さらに士官養成の改革がおこなわれますが、一〇年後に兵役制の抜本的な改革がおこなわれます。ピョートル大帝以来の徴兵制が廃止され、国民皆兵制が導入されます。つまり祖国防衛の義務が身分の別なく、すべての市民に平等に課されることになったのです。兵士は二〇歳以上の兵役登録者のなかから抽選で選ばれ、任期は一五年ですが現役は六年で、残りは予備役です。こうして軍隊も一新されたのです。

最後に経済改革ですが、ここでは鉄道建設について見ることにしましょう。アレクサンドル帝が即位したとき、ロシアの鉄道は全長九九四キロメートルしかなかったのですが、政府のテコ入れで一八六五年には三五〇〇キロメートル、一八七四年には一万八二〇〇キロメートルと飛躍的に延びています。

当初はイギリスから輸入したレールと機関車で建設が進められましたが、やがて国内での自給生産に移行します。政府発注から始まった海軍技師プチーロフの工場はロシアの代表的な工場になります。鉄道建設の波及効果も大きなものがあります。また鉄道による物資の大量輸送は物流のあり方を大きく変えたわけですが、十九世紀末までロシアの輸送の主流はいぜんとして船、蒸気船だったのです。

植民地帝国の確立①
カフカース

地図のうえでロシアの大地を南に下ってみていきますと、カスピ海と黒海に挟まれたかなり大きな地域に出会います。ここがカフカース(英語ではコーカサス)で、真ん中に全長一二〇〇キロメートルのカフカース山脈が走っています。その全長もさることながら、最高峰のエルブリース山(五六四二メートル)を筆頭に、四、五〇〇〇メートル級の山々が連なるカフカース山脈が東西に走っているのです。まだ見たこともない人(私もその一人です)にとっては、想像をこえていますが、その山脈の北部の斜面にあたる地域が北カフカースあるいはたんにカフカース、南部の斜面が南カフカース、あるいは外カフカースになります。

現在の北カフカースには「ロシア連邦」に含まれる七つの「自治共和国」があるだけで、独立の国家はありません。最大の面積と人口を誇るのはダゲスタンで、チェチェンがそれに続きます。北カフカースの山岳部は寒冷だけれども、山麓部は温暖な気候です。平野部は黒土地帯に属していて、農業や牧畜がさかんです。大きな町のほとんどは十九世紀前半にロシアによって形成された要塞にさかのぼります。

これに対して南カフカースは、現在アゼルバイジャン、グルジア、アルメニアの三つの独立国家からなっています。最大はアゼルバイジャンで、カスピ海西岸に接しています。首都はバクーで、一八〇六年にロシア帝国に併合されました。アラス河でイラン領と南境を接しています。

グルジアは黒海東岸に面していて、首都はチフリス(トビリシ)です。一八〇一年にロシア領となり、首都にカフカース総督府が置かれています。アルメニアは小さな国ですが、移住と離散の歴史をもっています。アルメニア商人はしばしば「カフカースのユダヤ人」という見方がなされたこともあったのです。

ロシアがカフカース地方に進出したのは女帝エカテリーナの頃で、彼女はクリミア征服に続いて、カフカースに目を向けたのです。一七八三年には早くも東グルジアを保護国としていますが、それ以来軍事力によって次々と帝国への併合政策をすすめます。

その拠点となったのは要衝チフリスで、一八四四年にはここにカフカース総督府がおかれます。初代の総督はミハイル・ヴォロンツォフで、一二年間にわたって現地の貴族層の支持と忠誠を取りつけ、現地人の積極的な登用によってロシア帝国との統合に努めたのです。

もちろん併合は強い抵抗運動を引き起こしました。イスラム教徒の山岳民族の根強い抵抗、「ジハード」によって統合は困難をきわめます。とくにシャミーリの指導する「カフカース戦争」は一八三四年に始まり、「最終的に」平定されたのは農奴解放令が出た一八六一年のことでした。それが「最終的」でなかったことは、いま現におこなわれている独立運動が証明しているところです。

こうしてロシアはカフカース地方を併合していったわけですが、山の多い南国的な自然と人びとの生活習慣はロシア人にはエキゾチックで、大変魅力的な世界として映りました。温泉や海岸地帯は人気の保養地となり、ワイン発祥の地グルジアの併合はロシア人の食文化にも彩りを添えたのです。プーシキン、レールモントフ、トルストイなどの「ロシアの」小説家たちもこの地方を舞台とする作品を生み出したのです。

バクーの石油採掘の油井群、1890年頃：かつて油といえばおもに鯨油であったが、19世紀後半にアメリカで、次いでロシアで油田の採掘が始まった。カスピ海に臨むアプシェロン半島に位置するバクーでの石油採掘は、1890年代には世界一にのしあがった。最大の経営者はノーベル兄弟で、「バクーの石油王」と呼ばれた。

植民地帝国の確立② 中央アジア

他方でロシアはすでに十六世紀以来、チュヴァシ、マリ、バシキールなどの「ヴォルガ・ウラル地方」の諸民族の併合をすすめていますが、中央アジアへの進出は一八二〇年代に入ってからです。「遊牧民の部族連合体」であるカザフを最終的に併合したのが一八四七年のことです。

世紀後半にはさらに中央アジア南部の定住地域へと進出していきますが、この地域にはブハラ、ヒヴァ、コーカンドの三ハン国が並立しています。一八六七年に大商業都市タシケントにトルキスタン総督府が置かれ、初代総督に任命されたのがコンスタンティン・カウフマンでした。彼は翌年から一〇年足らずのうちにブハラ、ヒヴァを保護国化し、コーカンド・ハン国を滅ぼします。さらに一八八一年には遊牧民トルクメンとの戦いに勝利して、中央アジアを支配下におさめたのです。

中央アジアもイスラムが支配的な世界ですが、ロシア人は「文明化とキリスト教の名において」侵略を正当化していきます。カウフマンの功績をみるとき、文明化という言葉はまったくの口先だけの話ではないのですが、このときも抵抗運動が起きています。一八三七年に起きたカザフの「ケルサルの乱」は父子二代、四〇年間にもわたります。それはカザフ・ハンの復興をめざす反ロシアの戦いでした。

ロシアの中央アジア征服は、もちろん経済的な利益をねらうものでした。トルキスタンでは綿花の栽培がさかんにおこなわれていました。とくにフェルガナ盆地が有名ですが、ロシアは栽培地を拡大して、ここを綿工業の原料基地としたのです。したがってロシアにとってとくに重要な植民地でした。

　それだけではありません。ユーラシア各地の遊牧民は、よく知られているように、馬乳酒（クムズ、あるいはクミス）を飲む習慣があります。酒とはいえアルコール度は低く、各種のビタミンが豊富なことから薬効があるともいわれています。ロシア人は彼らを「クムズを飲む連中」と蔑んでいましたが、「身体によい」馬乳酒を飲み、あるいは「クムズ療法」を受けるために「クムズ・ステーション」へ出かけるようになります。作家のトルストイは一八六二年、「クムズ療法」のためにサマーラ県に二か月滞在したといいますが、世紀末には流行になったのです。

第二の結婚

　アレクサンドル帝は皇太子のときにドイツの公国の皇女と結婚して、六人の男子と一人の女子に恵まれます。けれども夫婦は一八六五年四月に長男の皇太子ニコライを亡くします。「結核性髄膜炎」という病名ですが、まだ二二歳の若さでした。すぐに弟のアレクサンドル大公が帝位継承者とされますが、その前から妃のマリアも結核を患っています。ペテルブルクの湿っぽく寒い気候が病気を助長したのかも知れません。侍女の思い出によると、マリアは元々信仰に篤く修道女のようでしたが、病気と加齢によってこの傾向はますます強くなっていったといいます。

　他方でアレクサンドル帝はスモーリヌイ女学院で偶然見かけた女子学生、ドルゴルキー家の令嬢カーチャを見染めてしまいます。四七歳の皇帝は一八歳の女学生と「恋におちた」のです。二人の間には子どもができ、アレクサンドルは冬宮のなかに彼女たちを住まわせます。皇帝の親族のなかにも「第二の家庭」をもつものもいましたが、道徳的なシンボルでもある皇帝の「不倫」は厳しい目にさらされます。皇帝は政府の仕事を皇太子に委ねて、第二の家族とともにクリミアのリヴァディア宮に遊ぶこともあったのです。

　こうした皇帝の行為に皇后マリアはいたく傷つきますが、一八八〇年五月末に孤独のなかで亡くなります。四〇日目の「追善供養《ついぜんくよう》」をすませた皇帝は、ひそかにカーチャと挙式します。いわゆる「貴賤相婚」であり、妻子は位階や財産の相続はできませんが、正式な結婚であることに変わりありません。

　カーチャには「聖公女ユリエフスカヤ」という肩書きが与えられます。二人はそろって公衆の前にあらわれることもあり、皇帝の再婚は広く知られることになったのです。

一八八一年三月一日の皇帝暗殺

　皇帝がカーチャとの結婚を急いだのには理由があります。それは彼自身が何度も暗殺の危険にさらされていたからです。最初は一八六六年四月初めですから、二人が出会って間もない頃です。ペテルブルクの夏の庭園を散歩していた皇帝に向けて銃が発砲されます。カラコーゾフという元カザン大学の学生の単独犯で、それに気づいた通行人が犯人の腕を押さえたため弾は外れ、事なきをえました。それからしばらくはなかったのですが、一八七九年四月から二年間に五回もの暗

暗殺ツァーリの現場に建立された血の上の救世主教会：新帝アレクサンドル３世は父帝が暗殺された場所に教会の建設を命じた。「血の上の救世主」教会と名づけられたが、３世に対しても暗殺が企てられた。

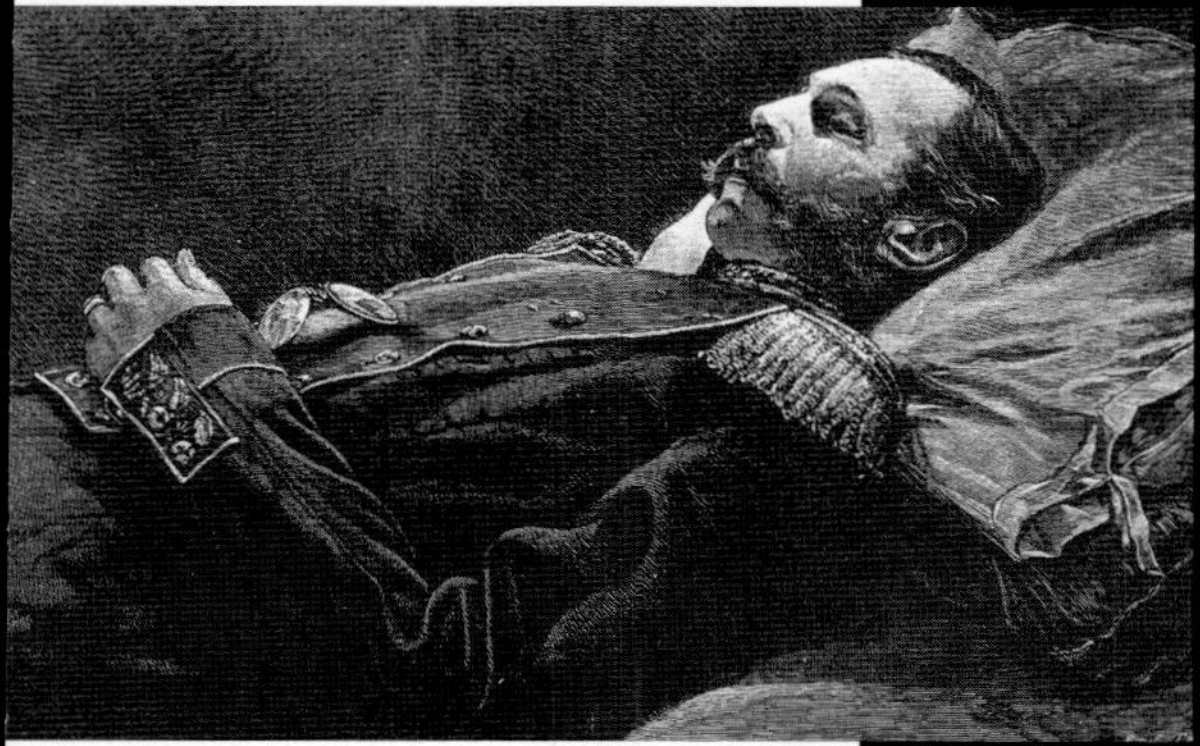

アレクサンドル２世の暗殺：農奴解放をはじめさまざまな近代化政策を推進した皇帝アレクサンドルは、のちに「解放皇帝」と呼ばれたが、何度もテロルの標的となり、遂に命を落とした。63歳であった。右は想像図で、馬の下に横たわっているのが皇帝である。左は死の直後の絵。

殺未遂に出会うのです。皇帝暗殺を主要な闘争手段とする「人民の意志」派のテロリストたちの仕業でした。

そして運命的な日がやってきます。一八八一年三月一日、エカテリーナ運河を通っていたアレクサンドル帝の箱馬車に向けて爆弾が投げられます。爆弾は馬車の脇で破裂したために、彼は危うく難を逃れます。そうした場合、その場を走り抜けるのが警護の鉄則とのことですが、アレクサンドル帝は馬車から降りて、傷ついた護衛のコサックを元気づけようとしたのです。そのときもう一発の爆弾が彼の足元に投ぜられます。おびただしい出血で、急いで冬宮に運ばれますが、看護のかいなく数時間後に亡くなったのです。

アレクサンドル帝の死とともに彼の「第二の家族」も崩壊します。新帝アレクサンドル三世の求めによって、カーチャ、つまりエカテリーナ・ドルゴルカヤはまだ幼い子どもたちとともにロシアを離れパリへ、さらにニースへ移り住みます。生活手段については予め亡き皇帝の配慮があり、新帝もそれに従います。彼女が亡くなったのは一九二二年のことで、享年七五歳でした。アレクサンドル二世が暗殺された場所には、翌年から教会建設が始まり、「血の上の救世主教会」と名づけられます。

テロリストの処刑、1881年：暗殺を実行した「人民の意志」派の捜索によって６人が逮捕され、暗殺からわずか１か月後の４月３日に５人が公開処刑された。次いで「治安維持法」が発布され、危険人物の取り締まりと捜索が続いた。

カザンとカザン大学

ムスリム文化の町カザン

「母なるヴォルガ」はロシア連邦の中央を流れる全長三五三〇キロメートルの大河ですが、かつてはロシアとアジアを隔てる大河でした。ヴォルガの中流域の町カザンの歴史はそれを雄弁に語っています。

カザンの町の起源は十世紀にまでさかのぼることができますが、キプチャク・ハンの継承国家のひとつカザン・ハン国の首都となったのが十五世紀半ばのことです。けれどもその一世紀後の一五五二年、ハン国はモスクワ大公のイワン四世によって武力併合されます。モスクワの赤の広場前に立つ色鮮やかなヴァシリー聖堂はこの併合を記念して建立されたのです。

カザンはその後ロシアの商業都市として発展し、カザン県の県都となりますが、タタール人のムスリム文化の中心地という性格は容易に失われることはありませんでした。一八九七年の人口は約一三万人ですが、ロシア人が七四パーセントで、タタール人が二二パーセントです。町には正教会の建物とともに、多くのモスクがあったのです。

政府の弾圧を受けたカザン大学

一八〇四年にはロシア四番目の大学としてカザン大学が設立されます。そこにロシア最初の東洋語講座が置かれたのは一八三五年のことで、作家のレフ・トルストイの入学でも知られていますが、講座はのちにペテルブルク大学に移管されています。

またカザン大学教授ニコライ・イリミンスキーは「異族人」教育に尽力したことで知られています。「民族性の尊重」という観点から、最初は母語で教育をおこない、徐々にロシア語教育に移行していくやり方で、「イリミンスキー方式」と呼ばれています。革命家レーニンの父イリヤ・ウリヤーノフもカザン大学の卒業生で、「イリミンスキー方式」を実践する視学官でした。けれどもカザン大学をとくに有名にしたのは皇帝暗殺を企てたカラコーゾフ、そしてレーニンです。そうした反体制的な学生と学生運動の拠点となったため、しばしば政府の弾圧を受けたのです。

レーピン画のカラコーゾフ（左）、レーニンの手配写真（右）：1865年にアレクサンドル２世を狙撃したカラコーゾフは元カザン大学の学生であった。画学生レーピンはその処刑を見て、のちに描いた。ロシア革命の指導者レーニン、本名ウラジーミル・ウリヤーノフもカザン大学に入学したが、中退して革命運動に入った。

ヴェネツィアーノフ画「領地の女主人の朝」：アレクセイ・ヴェネツィアーノフ（1780～1847）はモスクワに生まれ、独学で絵を学んだ。1810年代半ばからトヴェーリ県の自分の村に住み、農民生活を描くとともに、絵画教室を開いて農民出の生徒に教えた。他に「矢車菊をもつ農婦」などがある。この絵は女主人と召使いとの絆を描いたもので、製作は1823年。

6 民衆のなかへ（ヴ・ナロード）

解放後の農民生活

一八六一年の農奴解放は貴族による人格的な支配から農民を解放して、彼らを近代的な市民としました。二年後には国有地農民など他のカテゴリーの農民についても同様な改革がなされますが、農奴解放という場合には前者についていうのが通例です。

では解放は順調に進んだのでしょうか。土地の買い取りは一八六三年にスタートして、一八七〇年までに彼らの三分の二が買い取りに入っていますが、その後少し停滞します。一八八一年には全体の一五パーセントがまだ買い取りに入っていなかったのです。

この数字をどう評価するかは、地域による違いも大きく、意見が分かれます。それでは農奴解放によって農民の暮らしは少しは上向きに、楽になったのでしょうか。この点については、かつては否定的で、「農奴制はなくなったが、貧困は残った」という見方が支配的でした。

その理由としては、解放の際の領主による土地の「切り取り」つまり削減という問題があります。領主は良質の土地をできるだけ手元に残したため、農民たちは平均一八パーセントものよい土地を失ったという計算もあります。さらに買い取り金の支払い、つまり年賦での支払いはかつての地代よりも重く、その他に人頭税がありますし、新たに地方税が加わります。

農村人口の急速な増加も貧困の一因とされています。ロシアは伝統的に早婚で、しかも大家族制がよいとされてきました。労働力が多いことは豊かなことでもあったのです。

ところが解放後には既婚の息子たちが家長に家産の分割を求めるようになったため、大家族制が解体され、核家族化が進みます。それを「家族分割」と呼んでいますが、そのイニシアティヴをとったのは多くは女性たち、つまり息子たちの嫁でした。そうなると当然一世帯あたりの分与地は減ってしまいます。こうして「土地飢餓」という問題が生まれ、生産性の低い伝統的な農業がそれに拍車をかけたというわけです。

以上のような理由で、解放後の農民たちの生活水準は低下した、「飢えた農村」が生まれたというのが通説ですが、最近はまったく逆の見方も出ています。たとえば農民一人あたりの買い取り金は、かつての地代よりも低かったとか、あるいは長期的には農業生産の改善がみられたというもので、農奴解放は「かつての農奴農民に直接的な、かなりの便益をもたらした」というのです。議論は今も続いているわけですが、現実のロシア社会では農民をめぐって新しい動きが生まれています。ナロードニキの運動です。

クラムスコイ画「農民イグナチー・ピローゴフ」：イワン・クラムスコイ(1837～87)はヴォローネジ県の生まれで、ペテルブルクの芸術アカデミーで学ぶが、「14人の反乱」のあとに移動美術展協会を設立した。肖像画が彼の基本的なジャンルで、モデルの内面の複雑さや矛盾さらに人間の心理的葛藤を深く掘り下げた。「読書」「森番」、そして「見知らぬ女」などがある。「農民」の製作はナロードニキの「狂った夏」とされる1874年。

「狂った夏」

一八七四年の夏のことです。両首都の

学生を中心とする多数の若者たちが各地の農村に入って、みずからが信奉する「社会革命」の理想を農民たちにプロパガンダするという過激な運動が起こります。「民衆のなかへ（ヴ・ナロード）」という言葉で広く世界に知られるようになったこの運動の起源は、一八六八年におきたネチャーエフ事件、そしてまったく同じ頃ピョートル・ラヴロフという哲学者が発表した『歴史書簡』という文書に求められています。ペテルブルク大学の学生ネチャーエフは陰謀組織による「革命」を説き、自治の獲得をめざす学生運動を批判します。民衆の犠牲のうえで大学で学んでいること自体が犯罪的なのだと主張したのです。

モスクワの商人たち：サモワールを囲む新しい中産階級。ロシアの企業家には外国人が目立つが、農奴制の時代から綿工業資本家としてのモスクワ商人はブルジョアジーの中心であった。1910年。

カサートキン画「恋敵き」：ニコライ・カサートキン（1859～1930）はモスクワ生まれで、モスクワ絵画・彫刻・建築学校に学び、長くその教授を勤めた。移動美術展にも参加した。労働者や民衆の生活を好んで描き、十月革命後は「革命ロシア美術家協会員」となった。1890年。

流刑地で『革命の福音書』を書いたラヴロフも基本的に同じで、民衆に対するインテリの「未払いの債務」の返済を訴えます。「私が利用している生活の便利な品々、私が時間の余裕のおかげで獲得し、または考えだした思想、それらの一つ一つは幾百万人の血と汗と労苦によって購《あがな》われたものである」「私はもし現在及び将来にわたって悪を減ずるためにこの発達を用いるならば、自分の発達の血まみれの代価に対する債務を支払うことができる」（佐々木照央訳による）。

つまり学生、インテリが受けた高等教育と恵まれた状態は働くものの犠牲のうえにある、という「罪の意識」があります。こうして学生に限らず、技師、医者、教師、助産婦など大勢の若いインテリたちが農村に入り、革命と社会主義についての宣伝を始めたのです。これが「民衆のなかへ」の原形で、ナロードニキ運動の走りです。

若者や学生たちの急進的な運動は、後進国の「近代化」の過程でほぼ共通してみられるものです。とくにその倫理性の故に世界に知られるところとなり、中国でも朝鮮でも、そして日本でも類似の動きがあらわれます。かえってときの政府は力で抑えることで、て運動の急進化を招いてしまいますが、ロシアの場合もそうです。

手工芸品をつくる農民たち：秋の収穫後、農民たちは副収入を得るために多くは出稼ぎに出かけたが、木製のスプーンなど日常的工芸品の製作に従事するものも少なくなかった。イコンの製作に特化した村もあった。

ただロシア特有の条件としては、初等教育が不当に軽視されていて、民衆の大多数が依然として読み書きができない状態にあったのに対して、高等教育を受ける学生数は急増していたことがあります。大学やギムナジヤだけではなく、技術教育などの専門学校も増加しています。伝統的な「国家勤務」の代替としての「社会への奉仕」意識の強さについても考えてみなければなりません。いずれにせよ、若いインテリたちの「贖罪《しょくざい》」の思いは深かったのです。

けれども村に入った若者たちに対する農民の反応は予想外のものでした。彼らは農民服に着替えた学生たちを不信と警戒心でもって迎えたのです。そもそも外国語をちりばめた「旦那たち」の話は読み書きができない農民たちの理解を超えており、何の共感も示されることはなかったのです。

逆に農民たちは彼らを捕まえて、近くの警察に突き出したのです。若者たちの動きを体制に対する重大な脅威として警戒していた政府は、いうまでもなく厳しく取り締まります。全国三〇県で一五〇〇人以上が逮捕されます。そして三年に及ぶ審査のなかで四三人が獄死、一二人が自殺、さらに三八人が精神に異常をきたしたのです。のちに「狂った夏」と呼ばれた事件は、こうして悲劇的な結末を迎えたのです。

「学位をもったプガチョフたち」

「民衆のなかへ」運動には、そもそも「革命」のプロパガンダという以上のねらいはありませんでした。したがってこの運動を熱気だけに駆られたヨーロッパ中世の「子供の十字軍」にたとえる厳しい見方があるのも仕方ありません。違いは聖地がエルサレムではなく、「飢えた農村」であっただけで、どちらも具体的なプランなどなかったというわけです。けれどもこの運動がのちの革命運動に与えた影響は大きいものがあったのです。

運動から二年後の一八七六年に「土地と自由」という名の結社が生まれます。これは先の運動の反省から、農村に定住して宣伝工作をおこなうという方針をとります。実は初めて「ナロードニキ」を名乗ったのがこの結社で、西欧とは異な

ヴァスネツォフ画「岐路に立つ戦士」：ヴィクトル・ヴァスネツォフ（1848〜1926）はヴャトカの村司祭の家に生まれ、神学校に通うが、その後進路を変えてペテルブルクの芸術アカデミーで学ぶ。移動美術展覧会にも参加した。彼の作品は古代ロシアの歴史、英雄叙事詩（ブイリーナ）、あるいは民話に題材を求めたものが多い。1900年。

ったロシア独自の、民衆の理想に立った平等社会の樹立が彼らの目的でした。

けれども「土地と自由」は政府の厳しい監視のためにほとんど活動することができず、三年後に組織は分裂してしまいます。その結果生まれた「総割替」派の指導者プレハーノフはのちに「ロシア最初のマルクス主義者」となります。

もう一派がテロル、つまり皇帝暗殺を軸とする政治革命をめざす「人民の意志」派です。「解放皇帝」アレクサンドル二世を何度も襲い、そして一八八一年三月についに暗殺を成就したのは彼らでした。いわば「学位をもったプガチョフたち」が登場したのです。「ピョートル三世」を僭称《せんしょう》したプガチョフは、「貴族身分の根絶」のために女子供を問わず殺害したのですが、ナロードニキの爆弾は皇帝本人に向けられたのです。

「学位をもったプガチョフたち」があらわれる背景として、先ほども述べたように高等教育機関の相次ぐ設立という問題があります。法学部と医学部が中心の帝国大学はすでに九校ありましたが、工業化のニーズに見合った新しい高等専門学校が必要とされていたのです。その設立にとくに力を入れたのは財務省で、とりわけセルゲイ・ヴィッテの在任期には各地に「技術高等専門学校」が設立されます。一九〇二年にペテルブルクに設立さ

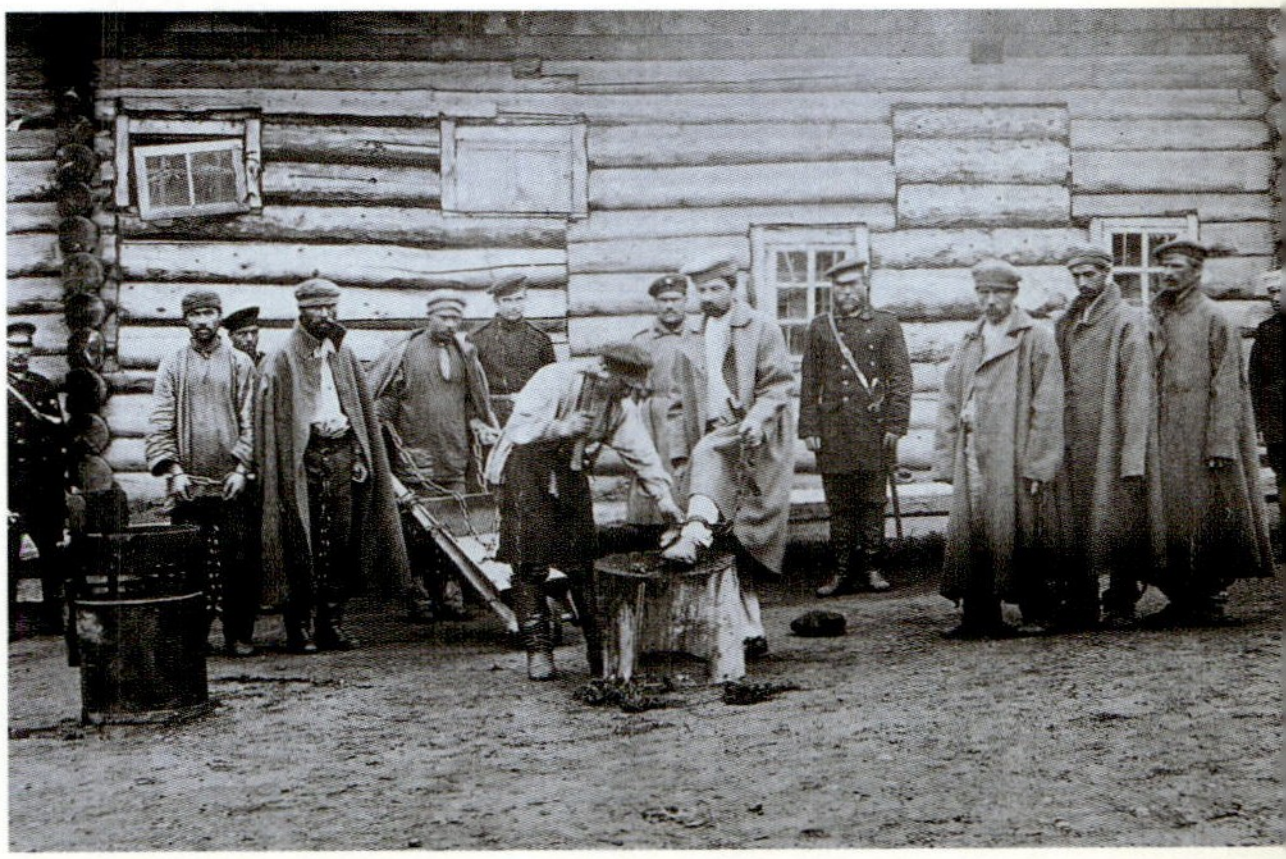

サハリンの囚人たち：サハリンには約1万人の囚人がいたが、脱走を防ぐために作業にあたって手押し車に鎖でつながれた。1890年。

れた学校はロシア最大（世界で第三位）の学生数を誇ったのです。

ところで一八七〇、八〇年代のナロードニキ運動には女性の参加者が多いのに驚かされます。一八七三年から五年間に取り調べを受けた一六一一人のうち二四四人、つまり一五パーセントは若い女性でした。また一八八一年の三月の皇帝暗殺では六人が逮捕され、五人が公開処刑されますが、残りの一人は女性でした。「妊婦」であったため執行が猶予されたのです。

このような女性の政治参加の背景としては、農奴解放についての議論で女性の解放についても論じられたことがあります。ナロードニキの理論家チェルヌイシェフスキーは『何をなすべきか』で有名ですが、すでに一〇年前に「棒の逆曲げ」

高等専門学校在学者数（1899～1912年）

＊ 大学以外のロシアの高等教育機関における男子在学者数.　＊ ポーランド、フィンランドは除く。

学校名および所在地	設立年	学生数 1899年	学生数 1907年	学生数 1912年
鉱山高等専門学校（サンクト・ペテルブルク）	1773	480	664	640
軍医科大学（サンクト・ペテルブルク）	1799	768	750	900
林業高等専門学校（サンクト・ペテルブルク）	1803	501	565	560
ベズボロートコ・リツェイ（ネージン）	1805	87	98	131
交通技師高等専門学校（サンクト・ペテルブルク）	1810	886	900	1384
商科大学《アカデミー》（モスクワ）	1810	403	?	4261
アレクサンドル・リツェイ（サンクト・ペテルブルク）	1811	106	?	290
ラザレフ高等専門学校（モスクワ）	1815	36	130	141
技術高等専門学校（サンクト・ペテルブルク）	1828	1016	1610	2525
高等技術学校（モスクワ）	1830	865	2000	3000
帝立法学校（サンクト・ペテルブルク）	1835	112	330	350
土木技師高等専門学校（サンクト・ペテルブルク）	1842	353	510	810
リガ総合技術高等専門学校	1862	1446	1750	2088
ピョートル農業大学（サンクト・ペテルブルク）	1865	198	500	1000
歴史文献学高等専門学校（サンクト・ペテルブルク）	1867	94	107	134
デミドフ・リツェイ（ヤロスラヴリ）	1868	281	665	669
皇太子ニコライ記念・リツェイ（モスクワ）	1869	24	201	277
考古学高等専門学校（サンクト・ペテルブルク）	1879	195	?	542
ハリコフ技術高等専門学校	1885	812	1200	1400
電気技術高等専門学校（サンクト・ペテルブルク）	1886	143	362	750
工学学校（モスクワ）	1896	236	567	580
キエフ総合技術高等専門学校	1898	598	1370	2500
エカチェリノスラフ鉱山高等専門学校	1899	—	250	480
ウラジオストク東洋語高等専門学校	1899	—	125	127
トムスク技術高等専門学校	1900	—	812	1171
ソスノフカ総合技術科高等専門学校（サンクト・ペテルブルク）	1902	—	700	5215
心理神経学高等専門学校（サンクト・ペテルブルク）	1907	—	—	2590
ノヴォチェルカスク総合技術高等専門学校	1907	—	—	704
シャニャフスキー大学（モスクワ）	1908	—	—	3669
東洋学大学《アカデミー》（サンクト・ペテルブルク）	1909	—	—	102

＊注　ベズボロートコ・リツェイはこの時期はすでに歴史文献学高等専門学校に改組されている。また、工学学校（モスクワ）は設立年からするとモスクワ交通技師高等専門学校をさすと思われる。

出典はコンラート・ヤーラオシュ編『高等教育の変貌　1860～1930年』（2000）所収のアルストン、橋本伸也訳「ロシアにおける教育拡張の力学」。この論文によると、1914年のロシアの高等専門学校は85校で、上の表は一部である。なお「デミドフ・リツェイ」の設立は1868年となっているが、1803年の誤りである。

ミャソエードフ画「ゼムストヴォ議会の昼休み」：グリゴリー・ミャソエードフ（1834〜1911）は移動美術展の指導者である。この絵は議会の前で農民議員がパンと塩とネギの粗末な昼食をとっているのに対して、窓のなかのボーイが貴族議員のために食事を支度している様子がさり気なく描かれている。1872年。

理論を唱えていました。つまり真の男女平等を実現するためには、特権を得てきた男が女により大きな自由を与えなければならない。曲がった天秤棒をまっすぐにするには逆に曲げなければならないと主張していたのです。

政府も男子のための高等教育機関だけでなく、ペテルブルク、モスクワ、カザン、キエフなどの大都市で大学タイプのカリキュラムをもった女子高等課程と女子医学専門学校を相次いで設立しています。女子学生数は男子の三分の一に迫る勢いでした。スイスのチューリヒ大学へ留学する女子も少なくなかったといいます。しばしば見落とされていることですが、当時のロシアの女子高等教育は西欧よりも「先進的」であったのです。ソフィア・ペローフスカヤ、ヴェーラ・フィグネル、ヴェーラ・ザスーリッチなどの著名な女性ナロードニキたちが生まれた背景には、以上のような興味深い事実があるのです。

ゼムストヴォの担い手たち

「民衆のなかへ」入っていったのは革命家だけではありません。とくに「大改革」の産物のひとつである地方自治機関、ゼムストヴォの活動家、担い手たちは農民たちが暮らす地方の生活改善のために努力したことを忘れるわけにはいきません。

まず医療です。女帝エカテリーナの治世に「社会福祉庁」が設立されますが、十九世紀に入ってからも地方の農村に病院はなく、正規の医者もほとんどおりません。地方にいたのは「フェリトシェル」と呼ばれていた「准医師」です。これはドイツ語の「軍医」からきた言葉で、彼らの大部分は元中隊軍医でした。

したがってプリミティヴな医学知識しかもっていませんが、彼らとて各地に万《まん》遍《べん》なくいたわけではありません。その他には産婆さんと薬草師がいただけです。そこで各地のゼムストヴォは中央から大学卒の資格をもった医者を招いて、農村医療を充実させようとしたのです。

ゼムストヴォが雇った医者は、一八六五年に一八県で五〇人にすぎませんが、五年後には三三県で六〇〇人、一八八〇年には一〇〇〇人を超えています。ほとんどはペテルブルク外科アカデミーの卒業生で、多くは貴族や官僚の出自です。こうして医者の数は徐々に増えていきま

村司祭：ロシア正教では町や村の教会で仕える下級の聖職者たち、つまり司祭は叙任以前に妻帯して家族をもった。彼らはしばしば無知で強欲だと非難されたが、神学校を出ていた彼らは地方ではほとんど唯一のインテリであった。

すが、広大なロシアからみるとひと握りでした。

農村に入っても病院はもとより、医者を受け入れる宿舎もない状態でした。したがって彼らの活動は「准医師」養成のための学校を設立して、より専門的な医学教育を施すことに向けられます。また病気の根本原因である無《む》知《ち》蒙昧《もうまい》、迷信を取り除くという「啓蒙的、社会的な医療」に向かわざるをえません。大学出の「博士は旦那の医者、フェリトシェルは百姓たちの医師」というのが現実で、農民は准医師たちが働く診療所で治療を受けたのです。その他にゼムストヴォは家畜の疫病に備えて、たいてい一、二人の獣医を抱えていました。獣医の不足の方がより切実な問題だったのです。

一八六四年以前の農村に正規の医者はいなかったのですが、学校の教師はおりました。アレクサンドル一世の教育改革によって各種の学校が設立され、さまざまな経歴の者が「読み書きができる」という理由だけで教師に雇われたのです。なんらかの理由で勤務から「追放されたもの」、各種の施設の「半可通」、退役兵士たちなどのいわば「どこにも身のおきどころがない連中」でした。それでもいないよりはマシであったのです。

ゼムストヴォの功績は、この初等教育の分野で著しいものがありました。一八七〇年代末までに農村学校は約一万校、教師の数も一万人を上回ります。医者と違って、ゼムストヴォ学校教師の出自はたいていは聖職者と農民で、両者をあわせると七〇パーセントを超えます。とくに聖職者出身者の割合が大きく、また一八八〇年代には女性教師の割合が五〇パーセントに近づいたのです。とはいえ教師たちの給与は安く、その他のあらゆる条件も「ミゼラブルな」状態にあったのです。

ゼムストヴォは、その他に少数の統計家を抱えていました。統計家といっても学者ではなく、課税対象としての土地の地価、あるいは農民経営の収益性や農民の経済状態の調査に当たった人びとです。多くの県ゼムストヴォに「統計局」が置かれたのは一八八〇年代のことですが、そのときでも全部で一〇〇人を超えていません。けれども「革命」前夜には一二〇〇人に達しています。なかには大学を卒業して県ゼムストヴォの統計局で働いていたものもおり、ゼムストヴォ統計の作成にあたったのです。

そのゼムストヴォ統計ですが、たとえばモスクワ県での指導にあたったのはオルロフという人物です。彼はモスクワ大学の著名な統計学者チュプロフの弟子ですが、彼らを含めてゼムストヴォの活動家たちは自分たちの仕事を「勤務」ではなく、「民衆（ナロード）と真理への奉仕」とみなしていました。多くはリベラルな人びとですから、ナロードニキの革命思想とは対立しますが、彼らとは違った意味で「民衆のなかへ」入ったとみること

歴史家クリュチェフスキー：ヴァシリー・クリュチェフスキー（1841〜1911）は司祭の家に生まれ神学校に入ったが、中退してモスクワ大学歴史文献学部に進学した。彼の講義はその透徹した話術、比喩の巧みさで芸術的とまでいわれ、晩年に4巻にまとめられた。

ができるのです。

聖職者たちの文化的役割

　ところでゼムストヴォの活動家たちのなかには聖職者の出自のものが少なくないのですが、これはゼムストヴォにかぎられません。革命家を含めて、あらゆる知的な職業人のなかには聖職者の家に生まれ、神学校を出たものが少なくありません。後世にその名を残した者も多く、十九世紀前半の政治家スペランスキー、革命思想家のドブロリューボフとチェルヌイシェフスキー、哲学者のブルガーコフ、経済学・統計学者のコンドラチェフやチュプロフ、画家のヴァスネツォフなど錚々《そうそう》たる名前をあげることができます。シベリア出身のナロードニキ歴史家シチャポーフ、モスクワ大学のロシア史講座の教授であったソロヴィヨフとクリュチェフスキーなどがすぐにあがります。ソロヴィヨフについては、すでにピョートル大帝に関する公開講義のところでふれました。

　彼の弟子にあたるクリュチェフスキーはペンザ県の貧しい村司祭の家に生まれ、司祭となるべく神学校で教育を受けた人ですが、中退してモスクワ大学歴史・文献学部に進学します。ちょうど「大改革」が始まる頃ですが、すぐれた修士、博士の専門論文を書いて一八七九年に亡きソロヴィヨフの後継者になります。ロシア史についての彼の講義は芸術的ともいわれ、学生だけでなく大勢の市民も聴講したといいます。

　彼のロシア史は「ロシア人」が対象ですから、帝国内の多民族に関する言及がないのは彼と時代の限界とされます。もとより限界のない歴史家などどこにもいません。すでに述べたように、ニコライ帝の時代に歴史家ウスチャーロフの「欽定の」ロシア史教科書が登場しますが、それは「専制ロシアの歴史」です。クリュチェフスキーは違います。そこには社会経済史、文化史などを含む「全体史」であって、時代の検証に耐えて今日に至るまで読み続けられています。彼こそロシアの「国民的歴史家」です。『ロシア史講義』（全五巻）が刊行されたのは晩年のことですが、彼の史観は弟子たちを通して二十世紀の「ソヴィエト史学」にも影響を及ぼしたのです。

　けれども彼らのような大物だけではありません。十九世紀後半にできた県統計委員会や学術古文書委員会で地域の歴史と文化について調査と研究の中心的な担い手も、やはり地方の町や村の教会に務める司祭でした。彼らは辺鄙《へんぴ》な町や村にあって伝統的に唯一読み書きができ、学校教育を受けた階層だったのです。

　神学校でギリシア語、ラテン語などを学んでいますから、ロシアの聖職者は「潜在的な歴史家身分」でもあったのです。

　他方でロシアの司祭は大酒飲みで強欲という定評があります。ゲルツェンは「葬儀代」についての交渉がまとまらないために、ある司祭は死者の棺を何日も放置した。そのため教会は死臭を放っていたというおぞましい出来事を伝えています。そうした例には事欠きませんが、だからといって少数の優れた者が出てくるのを妨げるものではなかったのです。

column

貴族の没落

大領主はひと握り

帝政ロシアにおいて貴族は一貫して支配的な身分ですが、総人口に対する比重は小さく、一七八二年の段階で約〇・八パーセントです。十八世紀末には約二・二パーセントと急増しますが、これはポーランド分割によって多くのポーランド人貴族（いわゆるシュラフタ）が編入されたことによります。その一世紀後、世襲貴族をみるとロシア人が五三パーセント、ポーランド人が二八・六パーセントとなり、次いでグルジア人、タタール人が五パーセント台を占めています。これは帝政ロシアが「植民地」の支配層をみずからの体制に抱え込んだことによるものです。

貴族は多くの特権を付与され、領地からの地代収入で「奢侈的な」生活を送るのが通例ですが、大領主はひと握りで、一〇〇人に満たない「農奴」村をもつ中小領主が大多数を占めています。

一七五四年に貴族のための貸付銀行が設立され、領地（と農奴）を抵当にして年利六パーセントの低利で融資がなされたのですが、一八六一年農奴解放の前夜には貴族の「農奴」の三分の一が抵当に入っていたのです。解放後政府のさまざまな支援にもかかわらず、「貴族の没落」は止まりません。近代的な地主的農場経営者、あるいは医師や法律家などの専門的職業人に転身したものは少なく、多くは領地の切り売りする都市生活者となったのです。

国家勤務こそ第一の存在理由

かつてロシアの貴族たちは国家とツァーリに仕えることを義務とされていて、国家勤務こそ彼らの第一の存在理由とされてきました。一七六二年に強制的な勤務義務は廃止されましたが、そうしたメンタリティーはその後も残り、軍隊の士官や高級官僚のほとんどは貴族たちによって占められてきました。

けれども帝政末期にはこの面でも大きな後退がみられます。「雑階級人」など他の階層の進出によって、士官は半数、官僚は三〇パーセントまでに低下しているのです。他方で貴族たちは文化の面で大きな役割を果たしています。トルストイやツルゲーネフなどの著名な作家たち、その他の著名な芸術家の多くは貴族の出身でした。さらに貧しい人びとの救済に立ち上がった貴族たちも少なくなかったのです。

チェーホフの「桜の園」(1903)：貴族ラネーフスカヤは領地「桜の園」を手放すことになるが、娘のアーニャは「桜の園」を去るにあたって「さようなら、私の家! さようなら、古い生活」と叫んだ。1958〜59年のモスクワ芸術座日本公演から。

7

描かれた帝政ロシア

近代絵画のあけぼの

　十九世紀ロシアの文学や音楽・バレエについては、改めていうまでもなく世界で広く知られ、今なお多くの読者と鑑賞者をもっています。それに比べると美術の方はさほど浸透していないように思われますが、この分野でもきわめて革新的な動きがみられました。ここでは当時の絵画と画家たちを取り上げ、ロシア美術の「革新」について具体的に見ることにしましょう。

　十九世紀半ばのロシア美術の牙城はペテルブルクの芸術アカデミー（設立は一七五七年。モスクワの美術・彫刻・建築学校の設立は一八三二年）でした。アカデミーの校長ブルーニはイタリア系で、教授たちはロシアの実生活から完全に隔離された「擬古典主義芸術」のあらゆる規則で学生たちを縛っていたといいます。

　イタリアには最高の芸術の手本があるのであり、「ほんとうの自然、美しい自然はイタリアのものに限られていて、ニコラ・プーサンの風景画のなかにだけ見られる」というわけです。一八六〇年代初めのロシアは、すでに述べたように、「大改革」が始まり、あらゆる面で長い道徳的、知的な眠りから目覚めた時期です。美術も例外ではありません。

「大改革」の時代にアカデミーにはロシア全国からさまざまな階層の若者たちがやってきました。生まれ故郷の純ロシア的なイメージのもとに育った彼らには、最高のアカデミーが教授する「叡智《えいち》」が無味乾燥なものと思われたのです。

　アカデミーの展覧会に出品された彼らの作品は、どれもまぎれもなくロシアの生活の驚くほどリアルな真実と詩情にあふれたものでした。それはロシアの「民族芸術」の最初の開花ですが、教授たちは眉をしかめます。すぐれた教え子たち

クラムスコーイ自画像、1860年代：クラムスコーイは南部のヴォローネジ生まれで、苦学してペテルブルクの芸術アカデミーに入学した。卒業製作の保守的な規則に反対した「14人の反乱」の理論的指導者であった。

クラムスコーイ画「見知らぬ女」、1883年：画家のなかで最も有名な絵。アニチコフ宮殿を背にしているからネフスキー大通りということがわかるが、着飾った若い婦人のモデルについて画家は何も述べていない。これとは別に、同じ構図でやや下向き加減の貴婦人の習作もある。第11回の移動展に出品された。

が美術上の「高尚なスタイル」になんとなく無関心になり、「低俗なジャンル」に溺れていくことを危惧したのです。

一八六三年のことです。アカデミーの画学生一四人が、一律ではなく自由なテーマによる作品の出品をアカデミーの評議会に求めます。彼らは決して仲間を裏切らないこと、アカデミー側が拒否すれば一緒に退学するという盟約を結んでいたのです。いわゆる「一四人の反乱」です。小さな反乱ですが、評議会は案の定それを不遜《ふそん》な行動とみて却下します。

退学者は一人抜けて一三人になりますが、中心人物はイワン・クラムスコーイという画学生でした。一八三七年に南部のオストログスクの貧しい家に生まれた彼は、初めは画工の使い走りでした。郷役場の書記などを経て、一九歳でようやく上京したのです。金も手づるもなく、ただひたむきな努力によって芸術アカデミーに入学した彼は、そこでたちまち最も才能のある、教養の高い学生たちのリーダーとなったのです。

アカデミーを退学したクラムスコーイ等は美術家たちの同業組合（アルテリ）を組織して、都心から離れたヴァシリエフスキー島一七条に事務所兼アトリエを

ヴェレシチャーギン画「戦争礼賛」、1800年：ヴェレシチャーギンは軍人として中央アジアでの戦争に参加したあと、画家となった。各地の風俗とともに、冷徹な視線で戦争の残虐さを描いた。最もよく知られた１枚で、製作は1890年。６頁参照。

借りて積極的な活動をおこないます。彼らは組合を通して受けた注文のひとつひとつをみずからの芸術的創造とみなして全力を注ぎますが、その他に美術学校の時間講師をしたり、肖像画を描いたり、あるいは男女の弟子たちに助言を与えていたのです。

作品の評判が高まるにつれて、注文の方も増えていきます。彼らは夏の帰郷中に「村の墓地での供養」、「プスコフの教会入口」、「村の溺死人」など純ロシア的な風俗画を描き、冬になるとさまざまな歴史画の大作にとりかかったといいます。「ロシア人が美術の世界で独立独歩する時代がようやく来ているのです。外国のむつきを脱ぎすてるべき時代なのです」。これがクラムスコーイの考えでした。

移動派美術展の画家たち

ところで組合にはモスクワから画家ミャソエードフが参加していますが、彼の提案でアカデミーとは無関係な画家たちの展覧会を開催して、ロシアの地方都市を巡回するという企画がなされます。クラムスコーイも異存ありません。こうし

サヴラーソフ画「みやま烏が飛んできた」：アレクセイ・サヴラーソフ（1830～97）は商人の家に生まれ、モスクワ絵画・彫刻・建築学校で学ぶ。移動美術展にも参加した。ロシアにおける叙情的風景画の創始者としてレヴィターンなど多くの弟子を育てた。他に「農村風景」「ライ麦畑」などがあるが、この絵は最高傑作のひとつである。1871年。

て「地方の住民にロシア芸術の成果にふれる可能性を与える」ことを目的とした「移動美術展覧会協会」が一八七〇年に設立されたのです。

翌年一一月末にペテルブルクで最初の展覧会が開催され、モスクワ、キーエフ、ハリコフに移動していきます。出品された作品はニコライ・ゲーの「皇太子を審問するピョートル大帝」、ミャソエードフの「ロシア艦隊の祖父」、クラムスコーイの「五月の夜」、プリャーニシコフの「焼け出された人びと」、そしてサヴラーソフの「みやま烏が飛んできた」などでした。この展覧会をみた作家シチェドリンは『祖国雑記』誌にゲーの作品の価値についてくわしく書いていますが、サヴラーソフの作品はロシア風景画の傑作として、今に至るまで影響をもち続けているのです。

「移動派美術展」は、その後一九二三年までほぼ毎年のように開催されています。第二回の展覧会にはクラムスコーイの「荒野のキリスト」が出品されました。民衆の救済のために命を捧げたイエス像は「民衆のなかへ」という思想と符合しています。彼の最も有名な「見知らぬ女《ひと》」は一八八三年の作品です。

提案者であるミャソエードフは一九一一年に亡くなるまでの四〇年間いつも出品しています。「ゼムストヴォ議会の昼休み」や「草刈り人たち」のように、彼の作品は素朴な農村、貧困と迷信などを描いたものでした。その他に、風景画家レヴィターンの「ウラジーミル街道」、歴史画家スーリコフの「エルマークのシベリア征服」、ヴェレシチャーギンの「戦争礼賛」などがありますが、なかでもイリヤ・レーピンの名を逸することはできません。

イリヤ・レーピン

レーピンは一八四四年にウクライナのハリコフ県の生まれで、生家は屯田兵でした。一〇歳のときに陸軍地形測量学校に入学しますが、三年後に廃校になった

レーピン画「ヴォルガの船曳き」

レーピン自画像、1878年：レーピンにはいくつかの自画像があるが、これは最も初期のものである。

ため町の画工に入門します。その後はイコンや教会壁画の注文仕事をして生計を立てますが、彼の仕事の評判はたいそうよかったといいます。

　画家を志したきっかけは、少年の頃領主から芸術アカデミーに派遣された元の「農奴」からアカデミーのことを聞かされたこと、また仕事仲間からクラムスコーイという画家がペテルブルクに行っているという話も聞かされています。クラムスコーイの生地はヴォローネジ県にあり、レーピンの育ったところとさほど離れていないのです。

　こうして画家を志したレーピンは一九歳のとき憧れのペテルブルクに向かいます。駅逓《えきてい》馬車を利用するわけですが、モスクワからは「鉄路」です。もちろん初めての経験で、乗車券は「細くて長い羊《よう》皮《ひ》紙みたいなもので、停車する駅名がずらりと印刷してあった」そうです。一昼夜半で「ピーテル」に着いたレーピンは、「傾斜した天井と窓のある四階家の屋根裏部屋」を借ります。ちなみに三年後の一八六六年に発表されたドストエフスキーの『罪と罰』の主人公ラスコーリニコフが借りたのはセンナヤ広場に近い「五階家の屋根裏部屋」と設定されています。こうしてレーピンの貧しい画学生暮らしが始まります。

　レーピンは入学した美術学校でクラムスコーイに出会い、褒められ勇気づけられます。そして芸術アカデミー入学後、聴講生から本科に移って本格的な創作活動に入ることになりますが、その後もクラムスコーイとは密接な関係にあります。「民族芸術」の創造という彼の思想に共鳴して、美術組合にも参加します。

もちろん「移動派美術展」に出品します。このようにレーピンの画業は師のクラムスコーイ抜きに語ることはできないのですが、一八七三年にアカデミーの給費生としてヨーロッパに留学しています。フランスの印象派の影響もうけますが、そこに飽き足らないものを感じて帰国します。その後つぎつぎと「社会派」の大作を描いていったのです。

【ヴォルガの船曳き】

レーピンの作品で最もよく知られているのは、間違いなく「ヴォルガの船曳き」

船曳き人夫たち：ヴォルガの船曳きは基本的には1870年代で終わるが、完全になくなったわけではない。19世紀末の貴重な写真。

だと思います。彼はエッセイのなかで、初めて船曳きを見たのはペテルブルクに来て数年後のことで、それまで知らなかったと述べています。近くのネワ河で見たのが最初で、衝撃をうけたのです。ロシアの船曳きの歴史は古く、普通の社会現象ですから、少し意外な感じがします。最初に「船曳き」のあり方について簡単にみておくことにします。

古来ロシアは「悪路」で有名でした。「悪路」のために荷馬車による運搬は容易なことではありません。そこで夏の物資の輸送は河川を走る船を使い、冬は荷橇で雪の道を運ぶのが一般的でした。

とくに大小の河川が縦横に走っているため、夏の輸送はもっぱら平底川舟が利用されたのです。一八五六年の統計資料では、アストラハン~ルイビンスク間のヴォルガ水系には二万一五四七隻が航行していたとされます。その船が立ち寄る沿岸の町の「波止場」で荷物の積みこみ、荷揚げをするだけでなく、接岸のさいに船を手綱で引かなければなりません。

彼らが「船曳き」で、十九世紀半ばまでロシアの河川の至る所で多くの船曳きが働いていたのです。たとえば十八世紀末に最大のヴォルガ水系だけで二二万人が働いていますが、とくにルイビンスクは「船曳きの町」といわれ、一七八〇年には一三万人強が働いています。一八一五年にはロシア全体で四〇万人、一八三〇年代には七〇万人という数字があげられています。多くは近在の出稼ぎ農民ですが、よそ者も少なくなかったのです。

けれどもその頃が絶頂で、その後しだいに「船曳き馬」や蒸気船にとって代わられます。一八五〇年代初めには三〇万人以下に激減していて、一八六六年にヴォルガ沿岸の各地からルイビンスクへ搬送される全商品の八五パーセントは蒸気船によるものでした。六〇年代末には運輸省も船曳きの人や馬が歩く河川敷の保全策を取り止め、七〇年代にはヴォルガ本流の船曳きは、基本的にその存在を止めたのです。

レーピンが最初に船曳きをみたのは一八六九年のことですから、まさに最後の頃です。翌年の夏休み、彼は友人と一緒にサマーラの町から一五キロメートルにあるヴォルガのシリャーエヴォ渓谷で船曳きの習作を始めて、作品が完成したのは一八七三年のことです。

絵には一一人の大人の船曳きと一人の少年が描かれています。レーピンがとくに魅かれたのは先頭で綱をひくカーニンという老人でした。ボロきれで結んだ頭、頸のところで巻いた髪の毛、胴褐色に焼けた冑、灰色のボロ着、とりわけ額から下がりぎみの眉にせまった眼差しの深さに、レーピンは奴隷として売られた古代ギリシアの哲学者の威厳を見たのです。その他にキセルをくわえた退役兵、かつて教会の合唱隊の音頭取りをしていた「破門僧」などが描き込まれています。

　このように「ヴォルガの船曳き」の対象は社会的に下層の人びとです。リアリズムの手法ですが、もちろん写真ではありません。そこに画家の社会的な主張が込められているのは当然です。

　絵は大変な評判を呼び、文壇やジャーナリズムで大きな反響を引き起こします。あのドストエフスキーさえ、もちろんリアリズムの立場からではありませんが、『作家の日記』のなかで高い賛辞を送ったのです。ヨーロッパのあちこちの博覧会からの貸し出しの申し込みが絶えなかったため、絵の所有者となった芸術アカデミー副総裁のウラジーミル大公の部屋の壁がいつも空いていたといいます。

【クールスク県の十字架行列】

　これは一八八〇年から始めて、三年後に完成した作品です。主題はロシア南部のクールスク県の有名な修道院に向かう十字架行列、つまり十字架と幟《のぼり》をもった信徒たちのプロセッションで、題材は伝統的な儀式です。彼らが担いでいる駕籠《かご》のなかには奇蹟のイコンが収められています。旱魃《かんばつ》が続いていたため、雨乞いの祈願という意味合いがあるのです。

　この作品もただ現実をそのまま切り取ったものではありません。行列には無数の人びとが参加していますが、祝祭日用のカフタンで正装している駕籠担ぎの農民たち、盛装した尊大な貴顕《きけん》たち、あるいは貧相な身なりの巡礼などにあらゆる点で不平等な社会の縮図をみることができるのです。とくに行列の中心の歩み出ようとしている猫背の青年が印象的です。神経質であるけれども、情熱的な強い意志をもった人として描かれています。

【農作業をするトルストイ】

　レーピンは多くの肖像画を描いていますが、レフ・トルストイについても何枚かあります。初めて出会ったのは一八八〇年のことですから、トルストイは五二歳ということになります。すでに『戦争と平和』や『アンナ・カレーニナ』などの名作を書いた大作家ですが、「生きる喜び」を欺瞞として断罪した『懺悔』の

（右）レーピン画「クールスク県の十字架行進」
（左）「農作業をするトルストイ」

トレチャコフ美術館：エルミタージュとともに、ロシア最大の美術館。前者が主にヨーロッパの名画蒐集であるのに対して、トレチャコフ美術館はロシアの画家たちの作品蒐集が中心である。「モスクワ市立パーヴェルおよびセルゲイ・トレチャコフ美術館」が正式名称だが、建物自体は何度か改築されている。

クラムスコイ画「トレチャコフ」：パーヴェル・トレチャコフ（1832〜98）は弟のセルゲイとともに父親の事業を継いだ実業家であるが、移動美術展の画家たちを支援した。1876年。

発表前夜ということになります。

レーピンの印象は「彼の行くところはどこであれ、即座に人間道徳のまったき世界が出現し、どんな卑俗な日常的な関心も入りこむ余地がなかった」ということで、無理からぬところです。

トルストイには生涯、ナロードニキとは違った意味で、農民とその生活に対する憧憬があるのですが、一八八七年の「農作業をするトルストイ」はそれを示すものです。領地のヤースナヤ・ポリャーナでトルストイは、ある日の午後、つばのある夏の白い帽子をかぶり、うす紫の手織りの仕事着をきて、六時間ぶっ続けに黒土に畝《うね》をおこしていたときのものです。

山を登ったり、窪地の傾斜地を下ったりしての作業で、レーピンは彼がやってくるのを待ちうけ、そばを通りすぎる瞬間をとらえてスケッチブックに描いたといいます。「構図と形の大きさの関係だけをたしかめ、陰はあとまわしにして、ある一点から、ある瞬間のものとした」と回想しています。

トレチャコフ美術館の誕生

『師クラムスコイの回想』のなかで、レーピンは師によって植えつけられた「ロシア芸術の若々しい萌芽」が生活の現実によって脅かされていたとき、「豊かなロシア人たちがあらわれ、これらの幼い芽生えを庇護して、そうすることでロシア絵画にきわめて強固な土台をおいた」としてコジマ・ソルダチョンコフとパーヴェル・トレチャコフの名前をあげています。

とくにトレチャコフは「その事業をきわめて大きな、かつてないほどの規模にまで拡げ、ロシア絵画全体の生死の問題をただひとりでその双肩にになった」と述べています。いうまでもなく現在のモスクワにあるトレチャコフ美術館の基礎を築いた人です。

パーヴェル・トレチャコフは一八三二年にモスクワで生まれています。父親のミハイルは一八四〇年代末に五つの店舗をもっていた商人で、早くから弟のセル

セローフ画「窓のそば、トルブニコワの肖像画」：ヴァレンチン・セローフ（1865〜1911）はペテルブルクとモスクワの双方の学校で学び、移動美術展にも参加した。彼は移動展派的リアリズムの伝統のもとで成長したが、のちにアール・ヌーヴォーへと発展した。農村生活に題材をとった「陽光を浴びる娘」は初期の傑作であるが、肖像画も多い。この絵の製作は1900年。

ゲイとともに父の仕事を手伝います。

父親の死後コストロマーに建てた亜麻布マニュファクチュアが成功して大きく発展します。パーヴェルによる美術品蒐集は一八五六年に始まりますが、のちに彼の注意は「移動派」の画家たちに向けられたのです。クラムスコーイ、セローフ、レーピン、スーリコフなどです。

また彼の妻はマーモントフ家の娘ですが、マーモントフ家はトロイツキー鉄道やモスクワ・ヤロスラヴリ鉄道を手がけたロシアの鉄道事業家です。パーヴェルの妻の弟にあたるサッヴァ・マーモントフ（一八四一〜一九一八）は事業のかたわら、セルギエフ・ポサード近郊にアブラムツェヴォ村を手に入れるのですが、この「芸術村」はロシア文化の中心地のひとつとなるのです。

先の移動派の画家たち、作家ツルゲーネフ、劇作家スタニスラフスキー、シャリャーピンたちがここに集い、ここで創作活動をしたのです。このようにトレチャコフは当時のモスクワの大商人たちが広く展開した「メセナ」の一員であったわけです。

一八八一年は、すでに述べたように皇帝暗殺の年ですが、「世襲名誉市民」にして第一ギルド商人、パーヴェル・トレチャコフは「希望するすべての人の自由な見学」のために私設の芸術ギャラリーを開設します。その後も蒐集は続けられ、一八九二年にはすべてがモスクワ市に寄贈されます。一二八七点の絵画、五一八点のデッサン、九点の彫刻はすべてロシア人の作品です。その他に七五点のヨーロッパ絵画などがありました。

こうしてトレチャコフ美術館が誕生したのです。彼が亡くなるのは一八九八年のことですが、弟のセルゲイも美術館設立に協力し、さらに学校建設の支援や貧民救済などの社会奉仕者として著名な商人であったのです。

8

変貌する社会と文化

アレクサンドル３世とその家族：右端が皇帝アレクサンドル、真中が皇后マリア・フョードロヴナ、左端が皇太子ニコライ。皇后マリアはペテルブルクの社交界の人気者で、粗野で無口な皇帝をおおいに助けた。天才的な細工師ファベルジェの手になる50数個の「イースター・エッグ」は、1885年にアレクサンドル３世が皇后に贈ったのが最初であった。

トロツキー：本名はレフ・ブロンシュタイン（1879〜1940）で、ウクライナ出身のユダヤ人である。オデッサの学校で革命思想にふれシベリア流刑にされるが、脱走する。1905年革命で「永久革命論」を唱え、十月革命ではレーニンとともに政治権力を掌握した。革命後は外務人民委員（外相）、軍事人民委員として手腕を発揮したが、スターリンとの権力闘争に敗れて、メキシコに亡命した。1902年の写真。

皇帝暗殺以後

一八八一年三月の皇帝暗殺が政府に強い衝撃を与えたことはいうまでもありません。即位したアレクサンドル三世は、四月に「国民の幸いのために、あらゆる秘められたる意図と闘い、専制権力を確立し、守ることこそ朕《ちん》が使命である」という専制護持の詔書《しょうしょ》を発布します。それは彼の家庭教師であった宗務院長ポベドノースツェフによって書かれたものです。

ヴァスネツォフ画「貧しい人びと」：ヴァスネツォフは人間の悲しみの深層にわけ入ることのできた画家であった。凍結したネヴァ河沿いによろよろと歩く2人の老人と冷ややかな町とが対比されて描かれている。初期のドストエフスキーに同じタイトルの短編がある。1876年。

ポベドノースツェフ家は祖父の代まで聖職者ですが、彼はモスクワ大学の法律学の教授、元老院議員、国家評議会議員という要職を歴任しています。そして一八八〇年から宗務院長に就き、アレクサンドル三世と次のニコライ二世に専制護持の思想を植えつけます。ロシアは国土の広さ、国民の構成の複雑さ、民心の遅れなどから、何よりも国家と教会の一体化が必要だとして、ブルジョア的な改革に反対します。彼の起草したこの詔書によって政治改革は「一九〇五年革命」まで延ばされたのです。

アレクサンドル二世の暗殺事件は、はるか南のウクライナでのポグロム、つまりユダヤ人襲撃事件をひき起こしました。十八世紀末のポーランド分割以来、ロシアは多くのユダヤ人を抱えることになりますが、彼らは一八三五年に設定された帝国南西部の「定住地域」に暮らしていました。

ユダヤ人はおもに製造業、商業に従事し、そして居酒屋を経営していますが、周辺との軋轢《あつれき》が絶えません。ロシア政府は皇帝暗殺にユダヤ人数名が関与していることを明らかにすると、その直後からポグロムが起きます。四月にエリザヴェトグラードから始まり、キーエフ、オデッサに拡がっていきました。ロシア人は教会で祝福をうけたあとで、イコンや皇帝の肖像画や旗をかかげて行進しながら、ユダヤ人の商店や住宅を襲撃したのです。そして財産を強奪しただけでなく、殺戮《さつりく》にまで及んだのです。

ロシア政府もユダヤ人にたいする締めつけを強めます。臨時条例によってユダヤ人の農村移住、不動産の取得を禁止します。さらに両首都の大学ではユダヤ人学生を全体の三パーセントに制限する規定を設け、「定住地域」以外では最大のユダヤ人を抱えていたモスクワから二万人を追放したのです。

このような抑圧に対して、アメリカへ移住するユダヤ人が続出します。一八八

ポベドノースツェフ：コンスタンティン・ポベドノースツェフ（1827〜1907）は1880年から25年にわたって宗務院長を務めた保守的思想家であるが、とくにアレクサンドル３世とニコライ２世の家庭教師として強い影響を与えた。

一年から二〇年間に四〇万人以上のユダヤ人がロシアを離れて、アメリカに向かったのですが、ロシアに残った若いユダヤ人のなかから、帝政の打倒に命を賭した未来の革命家が生まれたのは偶然ではありません。一九〇三年の結党大会で成立したレーニンの「ボリシェヴィキ」にはトロツキーをはじめ多くのユダヤ人が加わったのです。

県知事

一八六四年に発足したゼムストヴォは、すでに述べたように国民学校の設立、医療の普及、道路建設や農業改善、食糧備蓄などの多岐にわたる活動によって、かなりの成果をあげていました。

けれども一八八二年五月に内務長官に就任したドミトリー・トルストイは元々「大改革」に否定的です。ゼムストヴォ自治は誤まりであって、統制を強化しなければならないというのです。こうしてできたのが一八八九年の「地方監督官（ゼムスキー・ナチャーリニク）」制度です。それは県知事がその地域の世襲貴族のなかから選び、内務長官が任命した「地方監督官」が農村全体の監督をおこなうというものです。このようなゼムストヴォの自治に対する政府の統制を「反動的」

バイカル沿岸線の橋の竣工：シベリア鉄道の建設は難工事の連続であったが、なかでも最大の難所は「ベルギーよりも大きな」バイカル湖をどう通過させるかであった。その湖岸にレールを敷設するまでに数年かかるため、イギリスの造船会社に蒸気フェリーを発注して、4200トンの「バイカル号」で両岸が結ばれた。沿岸線が開通するのは10年後である。

イルクーツク駅：イルクーツクの町の起源は1661年のアンガラ河右岸の砦であるが、1822年に東シベリア総督府がおかれた。19世紀末の人口は約５万人。シベリア鉄道の開通によって、この地域の中心地となった。駅は1898年にできたが、1907年に増築された。

とみるのが通説ですが、両者の協力関係の強化とする見方もあります。

　ところで地方を治めていた県知事とはいったいどのような性格をもつのでしょうか。「ヨーロッパ・ロシア五〇県」の原形をつくったのはエカテリーナ二世ですが、一八〇二年のアレクサンドル一世による省庁の設置によって内務省ができて、県知事はその管轄下におかれます。つまり内務省が派遣する「地方の代理人」というのが彼らの基本的な性格なのです。地方の法と秩序の維持、租税徴収の監視、軍隊の指揮、そして福祉や経済成長に関して、内務省と連絡をとりながら地方行政を進める内務官僚です。

　けれども法律では、同時に主権者たる皇帝の「人格的な代表者」とも述べられています。つまり県知事は、皇帝によって任命される数人の特別の「地方総督」とはたしかに異なるのですが、単なる役人でもありません。彼らはペテルブルクに上京して、皇帝にその県の状況について直接報告する機会もあります。ただ事例研究によると、ある県の知事は一〇年の在任期間に皇帝に会ったのは三度だけで、それも一回五、六分という短い時間であったといいます。したがってこの点を過大に評価することはできません。

　他方で県知事は、リベラルやラジカルからとくに恐れられた人物でした。権力を濫用《らんよう》して、自治や市民的活動を踏みにじる「地方総督（サトラップ）」というわけです。たしかに広大な帝国とその多様性、さらに首都から地方行政を導くことの困難性を考えて、県知事にはかなり広汎なオートノミーが付与されています。彼らの日常的な任務は住民からの嘆願の受付と回答です。

　したがって県知事の恣意が働く余地はおおいにあったわけですが、ただ彼らの日常の仕事量は多く、制度は非効率的です。部下である地方役人は一般に無能で、腐敗しており、そして無責任です。かくて県知事の実際は「サトラップ」にはほど遠かったのです。「中央は強く、地方は弱い」という指摘は、帝政ロシアを通してあてはまるのです。

セルゲイ・ヴィッテとシベリア横断鉄道

　すでに述べたように、アレクサンドル三世はポベドノースツェフの専制護持を受け入れて危機を乗り切りますが、経済的にはセルゲイ・ヴィッテを抜擢して工業化政策を進めていきます。

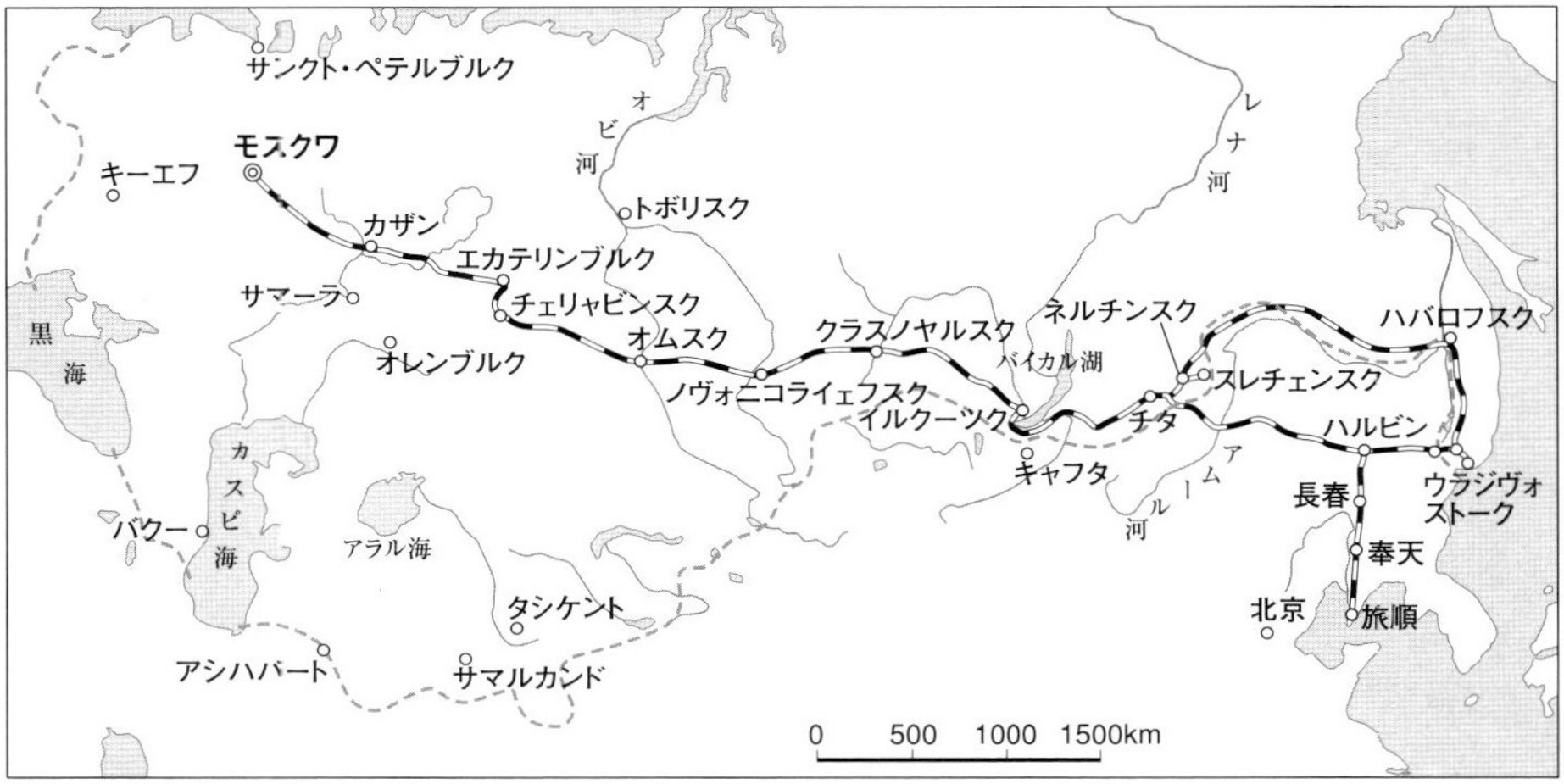

シベリア横断鉄道：1901年にはじめてモスクワ～ウラジヴォストーク間が結ばれたが、全面開通は1916年で、全長は9228キロメートルである。

ヴィッテはオデッサ大学を出て民間鉄道会社に入り、経営者として頭角をあらわした人です。若くして財務省鉄道事業長となり、強引だけれども有能という評判の四三歳の彼を財務長官に抜擢したのが皇帝であったのです。ヴィッテはロシアを一〇年でヨーロッパの経済大国の仲間入りをさせると約束したといいます。それはイギリスのように「個人の発意と企業家精神」に頼るのではなく、国家のイニシアティヴによるという伝統的な手法でした。その典型がシベリア横断鉄道の建設です。

十八世紀末のシベリアの人口は約一二〇万人ですが、まだほとんど未開の大地でした。一八一九年に政府はシベリア行政を二分して、西はトボリスク、東はイルクーツクに総督府を置きます。これはバイカル湖以東の東シベリアに対する関心の高まりを示すもので、一八四七年に東シベリア総督にニコライ・ムラヴィヨフが任命されます。

彼のもとで、ロシアはアムール河とウスリー河の航行権を手に入れ、さらに二年後の北京条約でウスリー河東岸地方も獲得します。一八六〇年には「東方の支配者」を意味する町ウラジヴォストークが建設されます。ムラヴィヨフにはその功績によって、「アムール伯爵」の称号が贈られたのです。

そのシベリアに鉄道を建設するという計画はその頃すでにありますが、本格化したのは世紀末のことです。その推進者がヴィッテでした。彼は将来この鉄道は東西貿易の基軸的位置を占めるようになるとみていましたが、建設は「主として軍事的、政治的な思惑によって」始められたのです。鉄道建設によって、ロシアは陸軍を大量に、しかも短期間で東アジアに動員できるようになるからです。したがってこの計画は世界帝国イギリスに、そして日本にも危機感を与えるものとなりました。事実それは的中するのです。

シベリア鉄道は一八九一年、西のチェリャビンスクと東のウラジヴォストークの双方から同時に着工されます。五月のウラジヴォストークでの起工式には日本など東方旅行から帰国途中の皇太子ニコライが鍬《くわい》入れの儀式に出席しています。

シベリアの冬は厳しく、深い森林に覆われ、数知れない峡谷と断崖、さらにい

セルゲイ・ヴィッテ：セルゲイ・ヴィッテ（1849～1915）はアレクサンドル3世とポベドノースツェフを尊敬した保守的な政治家だが、現状維持に満足しない合理主義者であった。財務長官、1905年革命後の「十月詔書」の起草者、さらに最初の首相としてのヴィッテが果たした役割は大きいものがあった。晩年に『回想録』を著した。

炭鉱で働かされる政治犯（上）、サハリンの流刑囚の村（下）：ロシアは1875年の樺太・千島交換条約でサハリン全島を手に入れ、1906年までこの島を流刑植民地としていた。20世紀初めには約30万人の流刑囚がシベリアとサハリンにいたが、サハリンの囚人たちは唯一の産業である石炭の採掘に従事させられた。

1888年のウラジヴォストーク：海軍基地ウラジヴォストークの誕生は1860年で、沿海地方の併合にともなうものであった。以来ロシアの極東政策の活発化にともないその重要性を増したが、とくに1903年のシベリア鉄道の開通によって国際的な意義を獲得した。

くつもの大河と湖、湿地、さらには「永《えい》久凍土《きゅうとうど》」など自然の障害物に事欠きません。また建設資材の運搬や労働力の調達などについても大きな困難が予想されたのですが、バイカル湖南岸を迂回するルートなど一部を残して、一〇年後の一九〇一年一〇月に開通します。全長約七〇〇〇キロメートルという全世界を驚かせた「偉大な冒険事業」が成し遂げられたのです。

鉄道建設は移民の波を呼び起こしました。移住の手続きが簡素化されたこともあって、一八九六年には約一八万人に達しています。シベリア都市の成長も続きます。それまで人口五万人を超える都市はイルクーツクとトムスクだけでしたが、すぐにウラジヴォストークとオムスクが加わることになります。「シベリアのパリ」イルクーツクには立派なホテルや劇場が建てられます。かつてヨーロッパ・ロシアの各地からやってきた移民の第二世代は、いまや自分たちを「シベリアっ子」とみなし始めたのです。

ニコライ二世とその家族

アレクサンドル三世は大男で頑健そうに見えたのですが、無類の酒好きでした。健康を心配する皇后マリア・フョードロヴナに隠れてウォッカを飲んでいたといいます。そのためかどうかはわかりませんが、腎臓病を患っていた彼は一八九四年一〇月末急逝します。後継者はニコライ二世で、二六歳でした。

新帝ニコライは父の葬儀をすませると、

ニコライ２世一家　1904年：ニコライ２世夫妻はなかなか後継者に恵まれなかったが、1904年にようやく男児が誕生し、アレクセイと命名された。写真はアレクセイを抱く皇后アレクサンドラ。彼女は義母のマリアと違って社交的でなく、部屋に閉じこもりがちであった。

ドイツのヘッセン大公の娘アリックスと結婚しています。彼女はアレクサンドラと改称します。彼女の姉はニコライ帝の叔父に嫁いでいましたから、この結婚は歓迎されたのですが、その後二人には不幸が続きます。

最初の不幸は翌年五月のモスクワのウスペンスキー聖堂での戴冠式ののちに起きました。式典の祝賀行事の一環として、モスクワ郊外のホディンカ原で記念品と食べ物が振る舞われることになっていたのです。

クレムリンからほぼ真っすぐ伸びるトヴェーリ大通りを抜けた左側に競馬場がありますが、その少し奥に入ったあたりがホディンカ原です。この場所はモスクワっ子には馴染みのところで、アレクサンドル二世のときも、三世のときも利用されていますが、地面はデコボコで、足場はよくありません。そこへ大勢の群衆が配布される記念品を求めて殺到したために転び、踏み倒されるものが続出し、祝賀会場は一転して大惨事の修羅場となったのです。犠牲者は公式には一三八九人とされています。加えてその悲劇の夜に開催された舞踏会は、新帝ニコライの評価を決定的に下げてしまったのです。

ところで皇帝夫妻には結婚の翌年から一年おきに子供が産まれています。オリガ、タチアナ、マリア、そしてアナスタシアの四人で、いずれも女児です。つまり結婚して一〇年間、二人は後継者に恵まれなかったのです。

一九〇三年夏、ペテルブルク建都二〇〇年の記念行事を終えた二人は、モスクワの南東三〇〇キロのタムボフ県の森のなかにある有名なサーロフ修道院に巡礼に出かけました。修道士セラフィムの列聖式に参加したのです。その「効能」かどうかわかりませんが、翌年七月、アレクサンドラは待望の男児を出産します。名前はロマノフ家の二代目からアレクセ

サーロフ修道院と巡礼の群れ：サーロフ修道院は18世紀初めにタムボフ県の森のなかに創建されたが、「長老」セラフィム（1759～1833）によって全国に知られるようになった。彼は近くの森のなかで修練と苦行を積み、深い洞察力、預言力、そして治癒力を獲得したとされる。彼のもとには各地から大勢の人びとが押し寄せ、サーロフ修道院はロシアで最も著名な巡礼地となった。

革命後サーロフ修道院は閉鎖され、間もなくセラフィムの「聖なる不朽体」は行方不明になった。再発見の「奇跡」がおきたのはペレストロイカのときで、1991年セラフィムと深いかかわりをもつ近くのディヴィエーヴォ女子修道院で儀式がおこなわれたあと（右上）、「聖なる不朽体」は再び眠りについた。

サーロフ修道院の全景（20世紀初め）：セラフィム崇敬は帝室でも早くからみられ、とくにニコライ２世夫妻はセラフィムの列聖化を強く働きかけた。列聖式は1903年７月半ばに皇帝夫妻や皇族、そして15万人の巡礼者が見守るなかでおこなわれた。皇后アレクサンドラは翌年の皇太子の誕生を「セラフィムの御業」とみなした。セラフィムのイコン(中)は広く出回った。

イとされます。ニコライ帝はピョートル以前の「古いロシア」に理想を見ていたからです。

アレクセイの誕生の間もなく、皇帝夫妻に重大な事実が知らされます。皇太子が血友病に罹《かか》っているというのです。血液が凝固せず、患者は苦しむだけ苦しんで早死にするという恐ろしい病です。今ではよく知られていますが、この病気は女性をとおして遺伝し、男子だけが発病します。アレクサンドラは母と祖母からこの病気を受け継いでいたのです。皇帝夫妻の驚きと失意はいかほどであったでしょう。いうまでもなく皇太子の病気は極秘とされたのです。

1898年発行の百ルーブリ紙幣：ロシアにおける最初の紙幣（アシグナーツィア）の発行は女帝エカテリーナ2世の治世の1768年で、対オスマン帝国との戦費の調達が目的であった。

工業化と労働者たち

セルゲイ・ヴィッテの積極的な工業化政策によって、近代ロシアは本格的な資本主義の時代を迎えます。一八九〇年代に国鉄と私鉄をあわせて総計二万二四〇〇キロメートルの鉄道が建設されますが、そうした鉄道建設によって新しい需要が生まれます。南ロシアに外資系の鉄鋼業、石炭業が発達します。植民地としたアゼルバイジャンのバクーの石油産業は飛躍的な伸びを示し、一九〇〇年には世界の産油量の半分を占めるにいたります。

こうした重工業の発展に応じて軽工業の方も成長します。その主役は繊維産業、とりわけ綿工業です。中央アジアの原綿生産の中心地フェルガナ地方の綿花の栽培面積は急増し、精製綿がモスクワをはじめロシア中央部の綿工場に運ばれていったのです。この動きに拍車をかけたのが鉄道建設です。こうして中央アジアは併合後の半世紀のあいだにロシアのモノカルチャー植民地と化したのです。

他方で、ロシアの工場労働者の多くは、かつては農村からの出稼ぎ農民でした。世紀末の雇用労働者は全体で七〇〇万人とされていますが、そのうち六〇〇万人は出稼ぎ者と推計されています。彼らは村と土地との「絆《きずな》」を維持したまま、「国内パスポート」をもって大都市へ出て労働者として働き、租税支払いのために都市から故郷の村へ送金したのです。

さらに賃金のなかから村共同体の負担分が「源泉徴収」された例、あるいは税の滞納のために集団で強制的に出稼ぎに送り出された例なども知られています。彼らは夏季には農作業のために故郷に帰ります。つまり一時的に「都市に住む農民」で、彼らは出身の共同体あるいは地域を中心とする「同郷団体」を組織して、働き先や住居を探すなど相互扶助したのです。

けれども農村から完全に離れて、都市に定住するものもしだいに増えてきます。

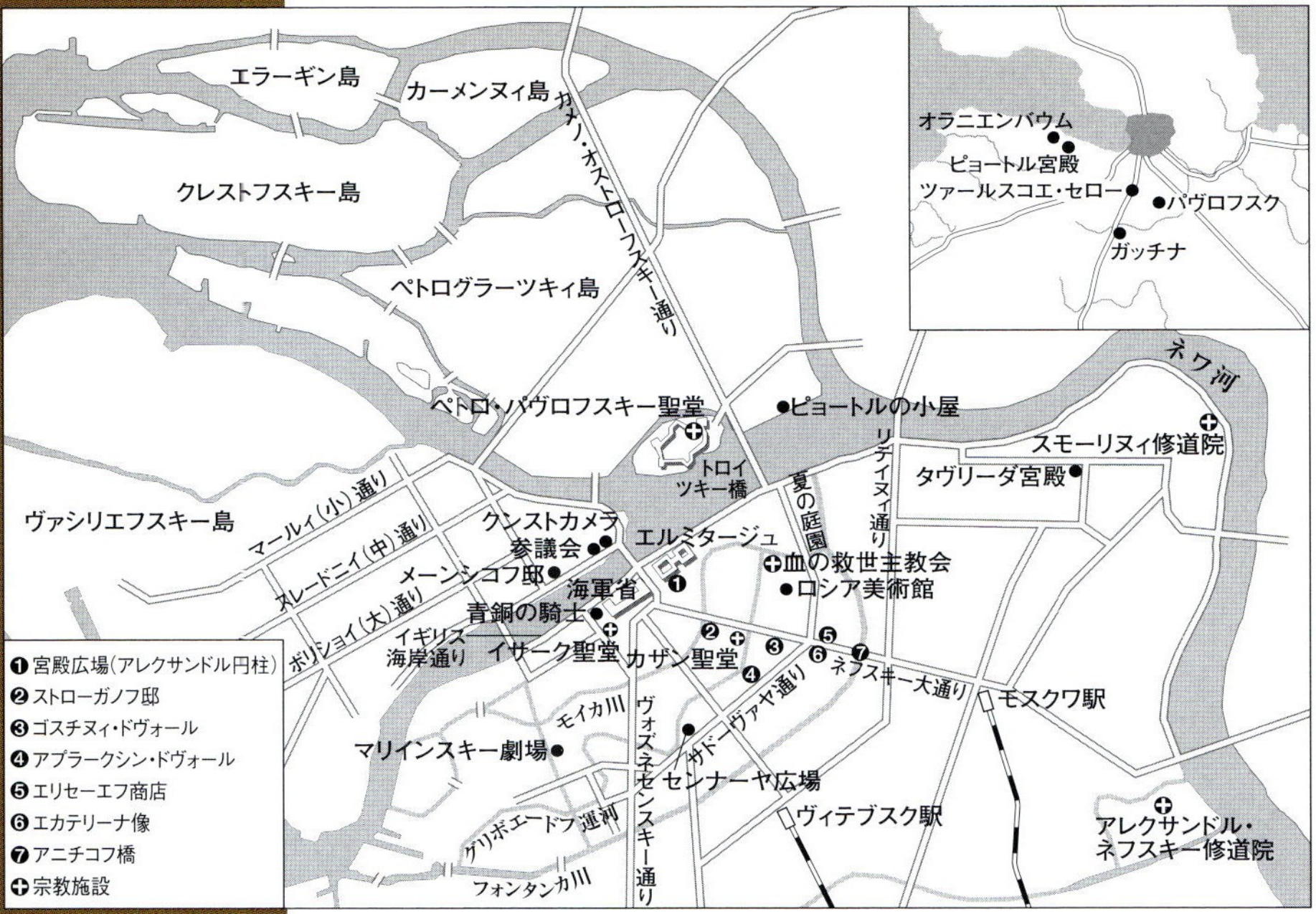

サンクト・ペテルブルクの概略図

「重工業のペテルブルク」と「軽工業のモスクワ」という大まかな性格がありますが、一八九七年の全産業の労働者数は二〇九万人に達しています。また労働条件をめぐってしばしば労働争議が起きたため、政府は一律一一時間半（土曜日は一〇時間）という労働時間法を制定しています。たしかにまだ長時間ですが、日曜日のほかに、九〇日の宗教的祝祭日があったのです。

ちなみにペテルブルクの人口は一八五八年には五〇万人に近づいていますが、男子が六四パーセントと相変わらず三分の二近くを占めていました。この点はすでに述べたところですが、世紀末には九五万の人口の五四パーセントとなり、かなり「是正」されています。

外国人は一八六九年に人口の三パーセントとその比重はかなり低下しています。首都はニコライ一世の頃から工業都市として発展を始めますが、ネフスキー大通りには立派な銀行やホテルや劇場が建ち、馬車鉄道に続いて市電が走ります。そのきらびやかな光景は田舎出の農民たちを瞠目《どうもく》させるものでしたが、この町は富と貧困が並存していました。

まず都市人口の三分の一は貧しい人びとです。彼らの多くはひと部屋だけの「間借り」、部屋の隅を借りる「隅借り」でした。すでに述べたように、ペテルブルクはたえず洪水の被害にさらされ、普通のアパートさえ浸水の被害を受けていますが、安価な地階に住む人が少なくなかったのです。捨子の数も多く、一八七〇年までに年間七〇〇〇人に達しています。また酔っ払い、乞食、そして殺人で拘禁されるものは一日五〇〇人もいました。二十世紀初めに市営の簡易宿泊所が三四か所でした。水は悪く、粗末な食事で、病院も少なかったのです。

文化とブルジョアジー

ロシアにおける資本主義の発展は、他方で元の支配身分である貴族たちの没落をもたらしました。解放後に資本家的農業経営者に転身したものはわずかで、領地の売却が急速に進みます。解放から一九〇五年革命前夜までの四三年間に貴族の土地は四一パーセントの減少、つまり売却あるいは質流れ処分によって、毎年一パーセントが減っていったことになります。

　また古くからの貴族特権の砦で、彼らの独占状態にあった軍隊の将校団に占める貴族の比率は世紀末までに五〇パーセントほどに急落していますし、官僚については三〇パーセントを占めたにすぎません。それを埋めたのは都市民や「雑階級人」の子弟たちです。貴族たちの破産は世紀末には「ありふれた現象」となったのです。チェーホフが描いた『桜の園』は、そうした没落貴族たちの挽歌《ばんか》でした。

　ところで世紀転換期には、それまでとはまったく異なる新しい文化活動が開花します。「ロシア・ルネサンス」とか「銀の時代」とか呼ばれていますが、それはかつての「悔悟せるインテリ」とはまったく異なる反政治的で、前衛的な動きでした。たとえばディアギレフ主宰のバレエ・リュッス（ロシア・バレエ団）の公演、性的衝動に従うことによって真の自由が得られると説いたアルツイバーシェフの小説『サーニン』、詩人マヤコフスキー、画家カンディンスキーなどの登場にみられます。

作家チェーホフ：アントン・チェーホフ（1860～1904）はアゾフ海に面するタガンログで雑貨商の家に生まれ、モスクワ大学医学部に入るが、同時に作家活動を始めた。平凡な人びとの日常の行為を通して、人間のおかしさ、愚かさを描いたが、彼の作品にはユーモアがあった。短編の名手であったが、後期の「かもめ」「ワーニャ伯父さん」「三人姉妹」「桜の園」の四大劇は世界の近代劇に大きな影響を与えた。

　このような世紀転換期におけるロシア芸術の隆盛の陰には富裕なパトロンたちがいました。芸術家たちの拠点「アブラムツェヴォ」を作った鉄道王サッヴァ・マーモントフ、ロシア美術中心のトレチャコフ美術館を設立したのは亜麻布商人パーヴェル・トレチャコフとその弟などについてはすでに述べましたが、繊維工場の経営者であったイワン・モローゾフ、実業家セルゲイ・シシューキンの二人が購入した印象派の作品三五〇点は、今日のエルミタージュとプーシキン両美術館に収蔵されています。

　前者のモローゾフ家は「農奴」身分から立身した綿織物工場の経営者ですが、サッヴァ・モローゾフは一八九八年にモスクワ芸術座を設立したスタニスラフスキーを後援していたのです。

　後者シシューキンもまた事業の傍ら、第一次大戦前のヨーロッパでマチス、ゴーギャン、モネなど印象派の絵画を大量に購入したのですが、そこでマツカタという日本人と競合しています。「松方コレクション」が上野の西洋美術館の基礎となったことは、よく知られています。

ペテルブルクのヤロスラヴリ人

居酒屋、レストランに勤める

十九世紀のペテルブルクは、新首都として急速な人口増加を経験していたのですが、なかでも地方からの出稼ぎ農民を大量に引き寄せています。この点で突出していたのがトヴェーリ県とヤロスラヴリ県で、一八六九年には両県だけで、全体の約四〇パーセント、一九一〇年には三三パーセントを占めていたのです。ここではヤロスラヴリ県について見ることにしましょう。

一八九八年の資料によると、ヤロスラヴリ県はペテルブルクに約一〇万四〇〇〇人、モスクワに二万六〇〇〇人の出稼ぎ農民を送りだしています。ペテルブルクだけをみると、商業やサービス業に従事し、そして成功したものが少なくありません。なかでも居酒屋、レストランなどに就業するものが多く、ペテルブルクの居酒屋のほとんどがヤロスラヴリの出稼ぎ農民でした。彼らは「同郷人団体」を形成して、初めて首都に出る農民たちの働き先や住宅を世話しただけでなく、慈善事業をもしていたのです。

エリセーエフ兄弟商会

ネフスキー大通りにある高級食糧品店エリセーエフ商会の祖先もヤロスラヴリの出稼ぎ農民でした。

一七七五年に修道院のある村に生まれたピョートル・エリセーエフはペテルブルクに行き、そして特産の果物などを商いながらすこしの資産を築きます。こうして「商人」身分に移った彼は、家族ともどもペテルブルクに移住して、商売に専念するようになったのです。彼は一八二五年に亡くなりますが、二人の息子が後を継ぎ、一八五八年にネフスキー大通りに店を出します。「エリセーエフ兄弟商会」の始まりで、外国産ワインをはじめ高級食糧品店として帝室御用達となります。のちに食糧品だけでなく、銀行業などにも手を伸ばし、ロシアを代表する「富豪」となったのです。

そして一八八九年、兄弟商会の次男として生まれたのがセルゲイ・エリセーエフです。彼が日本に七年間留学して、のちに欧米における日本学の草分けとなったことは広く知られているところです。

エリセーエフの店：ペテルブルクのエリセーエフの店はネフスキー大通りにあるが、モスクワのトヴェーリ通りに支店がある。十月革命後に国に接収され、「食糧品店一号」という名前で呼ばれていた。セルゲイ・エリセーエフ（1889〜1976）は自分の曽祖父を日本語で「ヤロスラフリーの水呑百姓」と言っていたという。

9

帝政ロシアの最期

日露戦争、ロシアの水兵が日本の海軍をやっつけている戯画：ニコライ２世はセラフィム列聖化のあと、間もなく極東での戦争に入った。作家トルストイは絶対平和の立場から「思い直せ」を書いて発表して、日本の『平民新聞』にも訳載された。与謝野晶子「君死にたまふことなかれ」、大塚楠緒子「ひとあし踏みて夫思ひ」などの反戦詩がこれに続いて、話題を呼んだ。

日露戦争と「血の日曜日」

一九〇〇年、ヨーロッパ列強の侵略にさらされていた清朝《しんちょう》の中国で、義和団《ぎわだん》の乱が勃発します。「扶清滅洋」をスローガンに掲げたこの反乱は北京にある列強の大使館を包囲するなどしますが、列強八か国の連合軍の力でねじ伏せられます。その列強のなかで最大の派兵をしたのが日本ですが、ロシアも満州から軍隊を引き揚げず、事実上そこを占領したのです。

ロシアはすでに旅順（ポルト・アルトゥール）に要塞を建設して、太平洋艦隊の一部を配備していましたから、朝鮮半島に野望をもつ日本はこれを強く警戒して、一九〇二年に日英同盟が結ばれます。日露の外相は満州と朝鮮の権益をめぐって話し合いに入りますが、決着はつかず一九〇四年一月開戦となります。明治維新から四〇年足らずの新興の日本にとっては、ヨーロッパの大国との初めての戦争となったのです。

日本海軍は旅順と仁川に攻撃をかけ、緒戦でロシアの太平洋艦隊がもつ艦船の半分を海に沈めます。ロシアの楽勝ムードは吹き飛び、その後も戦況の不振が続きます。一一月半ばにはロシアの司令官ステッセリは乃木希典大将のもとに軍使

1905年革命の労働者のデモ：ペテルブルクの「血の日曜日」以後、政府に対する抗議は全国に広がった。とくに12月のモスクワのプレスニャ地区では労働者たちの激しい行動がおこり、流血の事態を招いた。殺害された市民、労働者は約700人にのぼったとされる。

を送って、降伏します。その知らせは首都ペテルブルクに大きな動揺を引き起こしたのです。

一九〇五年一月九日の日曜日の朝、首都では一〇万人の労働者とその家族が教会の旗とイコン、そしてツァーリの肖像画を掲げて冬宮へのデモ行進が始まります。ツァーリの「正義と庇護」を求めたものですが、デモを率いたガポンという教会司祭の手には憲法制定を求めるツァーリへの嘆願書が握られていました。

デモが冬宮前の広場に集まろうとしていたとき、警備のために動員された兵士たちは発砲を命じられます。女子供を含めて、一〇〇〇人以上が死傷し、広場の雪は血で染まったのです。これが「血の日曜日」事件です。

ペテルブルクの秩序は間もなく回復されますが、事件に対する抗議のストは全国に広がります。二月初めにはモスクワ総督セルゲイ大公の爆死事件が起こります。彼は暗殺されたアレクサンドル二世の息子ですから、親子でテロルの犠牲になったのです。農村でも春から初夏にかけて不穏な動きがみられるようになります。

他方でロシアの戦況はますます悪化していきます。とくに衝撃的であったのは五月一四、一五日の日本海沖の海戦であのバルト海艦隊が戦艦六隻など一九隻が撃沈されたことです。これは単なるひとつの敗北ではなく、文字どおりカタストローフです。

六月には黒海の艦船ポチョムキンの水兵たちが反乱して、一一日間艦船に赤旗を掲げます。ニコライ帝の選択肢にはもはや休戦しか残されていません。アメリカ大統領の斡旋によって、ポーツマスで和平交渉が始まります。ロシアの全権大使はセルゲイ・ヴィッテ、日本は小村寿太郎です。ヴィッテの巧みな外交手腕によって、ロシアはサハリン南部の割譲という比較的軽い損失で戦争処理ができたのです。一九〇五年八月末のことです。

「十月詔書」と最初の国会

終戦にもかかわらず、ロシアの政治と社会の動揺は収束されませんでした。農村では地主の館の焼き討ちが広がり、一〇月に入ると「憲法」を求める集会とデモが至るところで起きます。

ゼネストでは「ツァーリは退け」とい

地方に暮らす父と息子：出稼ぎにいく途中であろうか。ロシアの道は、とくに春と秋には悪く、ぬかるみに踏み板が敷かれている。

失業者のための無料食事提供所、ペテルブルク：大都市の貧富の格差は大きかったが、実業家による貧しい人びとのための養老院、無料病院や宿泊所や食事提供などの慈善事業も広くおこなわれた。写真はヴァシリエフスキー島の失業者たちのためのもの。

ネフスキー大通り、19世紀末：帝政ロシア最大といわれるペテルブルクのネフスキー大通りには、1907年に路面電車が登場し、（ロシア最初はキーエフ、1892年）辻馬車と並んではしる光景がみられた。ガス灯もみえる。

貧民窟ヒトロフカの市場、モスクワ：モスクワ最大の貧民窟ヒトロフカの木賃宿には、1885年の市の調査では約9000人が住んでいた。多くは仕事を求めてやってきた「流入農民」、労働能力を失って「いつも放浪し、飲酒している」浮浪者であった。前者は大工、暖房工、木挽きなどの雑役労働者として低賃金で働いた。

橇遊び：北の国ロシアでは古くから橇遊びがんさかんであった。

ペテルブルクの大洪水：ペテルブルクの大洪水は19世紀に入っても、20世紀にも止むことはなかった。27頁参照。

うスローガンが大声で叫ばれるようになります。ここに至ってニコライ帝は譲歩を余儀なくされますが、その裏ではヴィッテの強い説得がありました。こうしてロシア史上初めて言論、結社、信教の自由を宣言するとともに、国会の開設を約束する「十月詔書」が発布されたのです。ヴィッテは大臣の任命および政策決定の権限をもつという条件で、初代首相に就くことに同意します。

翌年の二月から三月にかけて、国会開設のための選挙が実施されます。ナロードニキ系のエスエルが選挙をボイコットしたため、結果はカデット、つまり立憲民主党が第一党となります。彼らは皇帝から政府への権力の移譲を主張していた急進的なリベラルで、全議席（四四八）のうち三分の一を獲得したのです。

けれども諸派の対立の構図は容易に解消されず、二か月で解散になります。それ以来国会は四度にわたって召集されますが、皇帝ニコライは終始敵対的でした。ニコライ帝によると、国会の開設は「専制の葬式」にほかならない。「わが国には封建制はなかった。いつも統一と信頼があった」というわけです。

ニコライ帝とオリガ皇女：皇帝ニコライとその長女であるオリガが軽騎兵連隊の将校たちに囲まれた写真である。

次に国家評議会が改組されて、上院つまり「第二の議会」となります。評議員の任期は九年で、定員は九八名です。もちろん選挙ではなく、多くは貴族身分の大地主でした。国会で採択された法案であっても、政府に不利とみなされれば、ここで潰されたのです。

四月二三日には待望の憲法、つまり国家基本法が発布されます。けれどもこれも一八三二年版の改訂で、「ロシア皇帝は無制限な専制君主である」という旧規定から「無制限な」の文言《もんごん》だけが削除され、外見的には立憲制のように装います。そしていかなる法律も「皇帝陛下の承認なくしては発効しない」という条文が盛り込まれたのです。

以上が一九〇五年革命の「成果」ということになります。これをどう評価するかについては意見が分かれるところですが、この間の経過を注意深く追っていたドイツの社会学者マックス・ウェーバーの見解をみることにしましょう。ウェーバーの分析によると、ロシアの政府は「一方で公式に自由を与えておきながら、他方の手でこれをまた取り上げてしまう不誠実な態度」に終始している。つまりさまざまな

制限を付けて、事実上「自由」を封じているというのです。「外見的立憲制」。ウェーバーはロシアの体制を的確にこう呼んだのです。

セルゲイ・ヴィッテは憲法制定前夜には首相を辞任していますが、これには長年にわたる皇帝との確執があります。ニコライ帝は最初からヴィッテのような有能な政治家に皇帝の大権を侵されることを嫌っていたのです。後任には保守的な内務官僚ゴレムイキンが就任しますが、彼も短命でした。国会解散後の七月、ピョートル・ストルイピンが新首相に任命されたのです。

ストルイピン首相：ピョートル・ストルイピン（1862〜1911）は名門貴族の出で、ペテルブルク大学を経て内務省に入った。県知事を歴任したあとに、内相そして首相に抜擢された「帝政最後の改革者」であったが、暗殺によって改革は未完に終わった。

夏の離宮、ツァールスコエ・セロー：ツァールスコエ・セローとは「ツァーリの村」の意で、ピョートル大帝が妻に与えたエカテリーナ宮殿がその起源である。２人の娘である女帝エリザヴェータの時代の壮麗なバロック様式の宮殿の中には「琥珀の間」や「キャメロンの回廊」がある。宮殿は100ヘクタールの広大な公園に囲まれている。皇帝一家は毎年６月にここへ移った。

ストルイピンの改革と挫折

帝政末期の政治家のなかで、ストルイピンはヴィッテと並んで最も評価の高い人です。彼は名門貴族の出身で、ペテルブルク大学を出て官界に入ったエリートです。一九〇三年二月から三年間サラトフの県知事を務めたのち、その政治手腕を買われて内務長官、そして首相に抜擢されたのです。四四歳のときです。

ストルイピンの政治スタイルは、ひとことでいうと「強大な権力によるリベラルな改革」でした。テロルや過激派には断固とした態度を貫き、首相就任から三年間に約三八〇〇人が処刑されたとされます。また労働組合を解散し、多くの新聞や雑誌、書物が発禁処分をうけています。他方で彼はリベラルな改革を実施するのですが、その最大のものは土地改革です。

農奴解放後のロシアでは徐々に工業化

が進み、とくに世紀転換期には大きな前進がありました。けれども帝国の人口の八五パーセントは農民で、しかもその農業は、いぜんとして中世的な共同体的農業でした。農民各世帯が利用する地条の数は五〇から一〇〇にのぼり、しかもその幅は「五靴の幅の地条」といって、彼らが履いている「樹皮靴」の五つ分しかないものさえあったのです。

　生産性は低く、そのうえ共同体は古来、

建都200年式典のひとこま、1903年：ペテルブルクは1903年に建都200年を祝った。1890年には約95万の人口から、当時は100万を超えていた。写真はピョートル大帝の時代に創設され、ロシア軍の主体となったプレオブラジェンスキー連隊の礼装に身を固めた将兵たち。

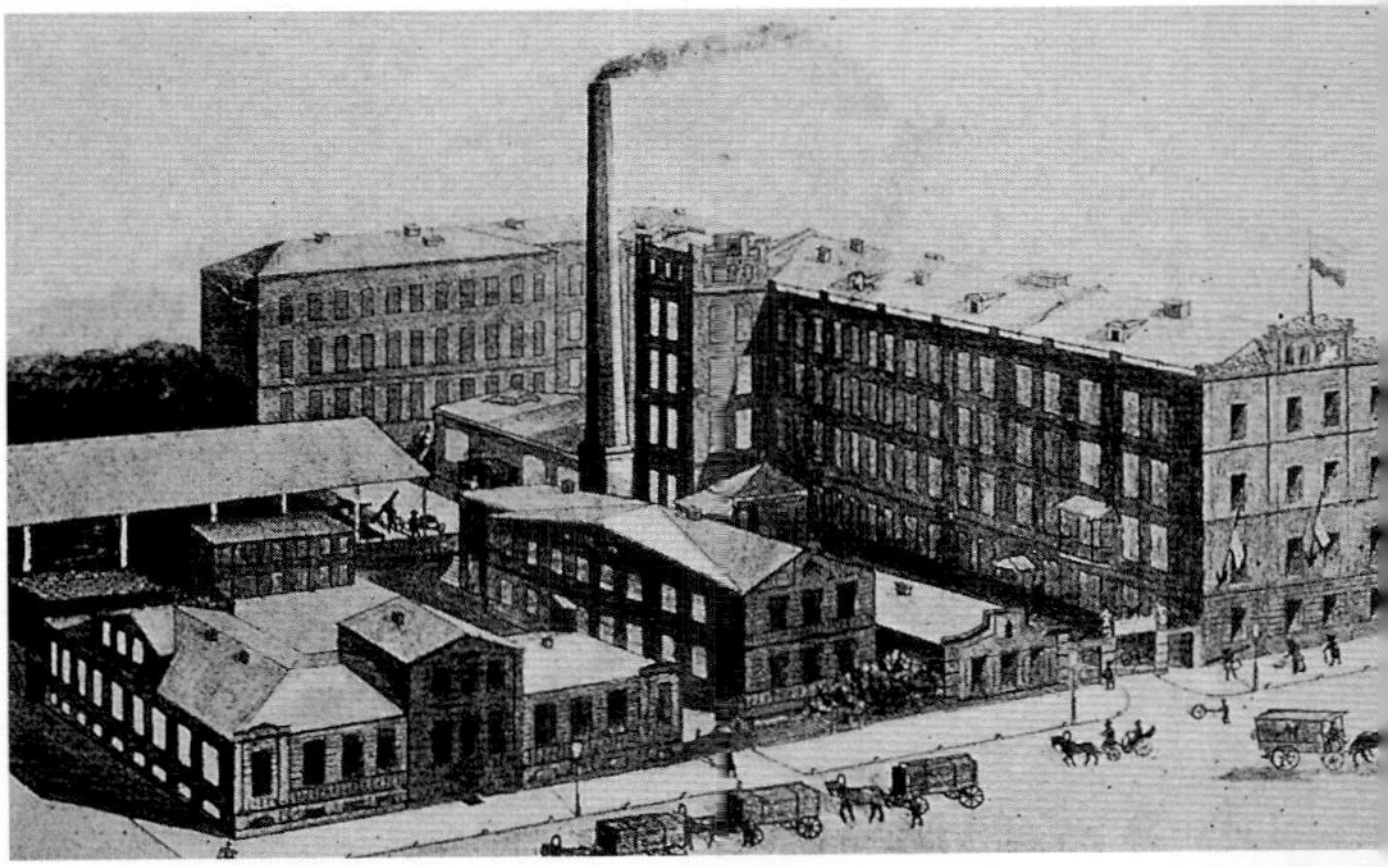

ネフスキー大通りの商店のビル（上）とペテルブルク市内の大工場（下）：大通りはいつも繁華であったが、重工業の中心地であったペテルブルクの空気は、各種の工場が排出する煤煙によって汚染されていた。飲料水も悪く、気候も生活環境もよくなかった。

農民一揆の拠点でもありました。したがって共同体を解体して、近代的な個人経営を導入しなければならないという改革案は、すでに農奴解放前からあります。ヴィッテもその一人ですが、共同体の解体が政治的混乱を引き起こすという不安が改革を思い留まらせていたのです。

　こうした懸案の土地改革を断行したのがストルイピンでした。首相に就任して間もない一九〇六年一一月、ついに共同体の解体が決定されます。各県に土地整

冬宮前のロマノフ王朝300年祝賀パレード、1913年：ロマノフ王朝の成立300年の祝賀は全国でおこなわれたが、写真はペテルブルクの冬宮前の皇帝夫妻のパレードである。右の高い円柱はナポレオン戦役に勝利したことを記念して建てられたアレクサンドル柱である。

理委員会が設置され、農民たちにはその時点での自分の利用地に対して「私的所有権」が認められます。数十か所にも分散していた地条を一か所に団地化して所有することで、農民たちは個人経営者として再出発することが求められたのです。

その背後には富農経営を育成する政府のねらいがあります。言い換えるとストルイピンは将来のロシア農業を「富農に賭けた」のです。農民銀行の設立による財政的な支援体制がとられ、他方で村の「余剰人口」についてはシベリア移住の措置も講ぜられました。これがストルイピン土地改革の基本的な内容です。

ストルイピンはある新聞のインタビューに答えて、「二〇年の内外の平静」が与えられるならば、この事業は完成され、諸君は見違えるロシアを見ることになるだろうと語ったことがありました。結果について見ると、一九〇六年から一〇年間に農民の約二〇パーセントが個人経営に移行しています。またシベリア移住については、鉄道の全面的な開通という好条件も手伝って、一九〇七年から三年間だけで約一六七万人に達しています。

　したがってストルイピンのいうように、もし「二〇年の平静」が続けば、土地改革は成功していたかもしれません。けれども「平静」は一〇年しか続きませんでした。しかもその前にストルイピン自身がキエフの劇場で凶弾に倒れたのです。一九一一年九月のことです。

　こうしてヴィッテとストルイピンという有能な政治家を失ったロシアでは、専制という古い理想に固執する皇帝の最後の時代を迎えたのです。

皇帝夫妻と水兵に抱かれた皇太子、1913年：ロマノフ王朝300年の祝賀のために皇帝夫妻は5月末にモスクワに入った。モスクワの人びとの歓迎は暖かいものであったが、8歳になる皇太子アレクセイは屈強な水兵に抱かれていた。皇太子の病気は極秘とされていた。

ロマノフ王朝三〇〇年祭

一九一三年はロマノフ王朝三〇〇年という記念の年でした。首都ペテルブルクでの記念祭の会場はネフスキー大通りに面したカザン大聖堂で、期日は初代のミハイルがゼムスキー・ソボールで選ばれた二月二一日に設定されます。

　当時の写真には、冬宮前を通る皇帝夫妻が乗った馬車とそれを取り囲む護衛兵と大勢の群衆の様子が写されています。その日の午後に冬宮では晩餐会が開かれますが、そこには高位高官とともに農民代表も招かれています。ニコライ帝はそこで「わがロシアは神の信仰、民衆に対するツァーリの愛情、そして帝位へのロシア人の献身によって強くなった」と挨拶しています。農民代表も皇帝に感謝の言葉を述べ、ボルシチ、ピロシキ、鶏肉、デザートなどの給仕を受けています。けれども首都での三日間にわたる祝祭は、テロルの警戒などでとても熱狂的という雰囲気ではなかったといいます。

　その年の五月後半の一〇日間、皇帝夫妻はヴォルガ沿岸諸都市を中心とした国内巡幸に出かけます。各地で暖かい歓迎をうけますが、そのハイライトはミハイル帝が帝位を受諾したというイパチェフ修道院のあるコストロマーでした。コストロマーの民衆の歓迎は熱烈で、出迎えた数千人の「ウラー」の叫びにニコライ帝は目を潤ませたといいます。数々の行事のあと、夕刻夫妻を乗せた汽船がヴォルガの川岸を離れるとき、例によって町の教会の鐘がいっせいに鳴り響いたのです。

　五月二五日に皇帝夫妻は馬車でモスクワのクレムリンに入ります。ここでも三日間さまざまな祝賀の行事がありましたが、ペテルブルクの冷淡さに比べると、「ツァーリ」に対するモスクワの人びとの歓迎は暖かく、ニコライ帝を心底から喜ばせたのです。

　けれどもモスクワっ子は首を傾《かし》げる光景を目にします。皇帝夫妻と一緒の皇太子は八歳になるはずですが、自分の足で歩くのではなく、いつも屈強な水兵に抱かれていたからです。皇后陛下もどこか病気のように見えます。人びとのそうした不安をよそに、ニコライ帝はこのたびの巡幸について、日記に「過去のわがロシアを際立たせているツァーリと民衆とのあいだの絆が、いまも保たれていることが証明された」と記したのです。

「怪僧」ラスプーチンと皇后

　ロマノフ王朝三〇〇年記念祭の愛国的な高揚も過ぎ去り、首都ではストライキが頻発する日常が再び戻ってきました。そこで表面化したのがラスプーチン問題です。「快僧」ラスプーチン問題は帝政末期のロマノフ家の退廃を象徴する出来事となったのです。

　西シベリアのトボリスク近くの寒村生まれで、特異な宗教家のグリゴリー・ラ

「怪僧」ラスプーチン（上）、女性信者に囲まれたラスプーチン（下）：グリゴリー・ラスプーチン（1864〜1916）は皇太子アレクセイの病気に怯えていた皇帝夫妻にとっては「救い主」であった。『ニコライ2世の日記』には1906から10年間にラスプーチンの名前が91回登場する。彼は育ちのよい女性たちを淫らな言葉とマナーで興奮させるのが上手だったという。

狩猟場のニコライ帝と親族：帝室が所有する狩場は全国各地にあり、鹿、ヘラジカ、熊などの狩猟は歴代の皇帝の最も好みの娯楽であった。写真はポーランド国境近くで狩猟をしたあとで、獲物を検分しているニコライ帝と従兄弟のドミトリー大公。1912年。

作家レフ・トルストイと家族：作家トルストイは1881年に『懺悔』を書き、それまでの自分の過去のすべてをまったくの間違いとして否定して、新しい出発を宣言した。とくにロシア正教会、そしてそれを支える国家権力さえも否定した。1908年。

出征する兵士たち：1914年7月、ロシアはドイツ宣戦布告して、第一次世界大戦に突入した。当初は勝利をおさめたものの、次第に戦況は悪化した。写真は1916年。

スプーチンが首都にあらわれたのは一九〇三年の頃です。どういうわけか、神学アカデミー校長の知遇を得た彼は、皇帝の叔父にあたるニコライ大公の妃のもとに出入りするようになります。そして彼女はラスプーチンを「神の人」として皇后アレクサンドラに紹介したのです。

　ラスプーチンには霊的な力が備わっていて、治癒能力もあるとされます。皇太

マリア・パーヴロヴナ大公妃が主催したピクニック、1913年：マリア・パーヴロヴナ大公妃とはアレクサンドル3世の未亡人であるが、彼女は社交術に長けていたことで知られる。屋外のパラソルの下の白い布の上にワインやシャンパンがいくつもおかれており、背後には自動車がみえる。

富裕な人びと：ペテルブルクのある伯爵夫人の邸宅で催された舞踏会には社交界の名士が集まった。女性はカラフルな鬘を着用している。大戦が始まった1914年の初頭の写真。

総動員令によって兵舎に向かう人びと：宣戦に先立つ2日前、ニコライ帝の名前で総動員令が出された。写真はペテルブルクのもので、兵舎におもむく男たちは白い布包みを手にしている。

画家レーピンが自宅近くに開いた孤児院、1910年：レーピンは1906年にペナートゥイに別荘を建て、そこで暮らしはじめたが、大戦によってフィンランド領となり、1930年の死去までロシアに戻ることはなかった。

子の発病に怯え、苦しみに疲れていた皇后にとって、彼が救世主にみえたとしても不思議ではありません。ラスプーチンはその治癒能力でもって、しばしば皇太子の出血を止めてみせたといいます。もとより「科学的に」確認するすべはありませんが、こうして皇太子の病気を介して二人の密接な関係が始まるのです。ニコライ帝とて同じ思いです。年に何度もラスプーチンと会っていたことが「日記」に記されているのです。

けれどもラスプーチンの評判は芳しいものではありません。毎夜の酒盛りと乱痴気騒ぎ、女性信者との怪しげな関係は首都のマスコミの槍玉にあがります。政治家たちも国会で取り上げ、一度はシベリアに追放されたこともあります。けれどもニコライ帝はラスプーチンをかばい、皇后アレクサンドラも周囲の意見に耳を傾けることはありません。イエス・キリストだって誤解されたではないか、というわけです。けれどもラスプーチンと皇后が「公然たる愛人関係」にあるという噂は皇帝の権威を大きく傷つけたのです。

一九一四年六月、セルビア人民族主義者によるオーストリア皇太子暗殺事件によって、ヨーロッパは第一次大戦に突入

ヴィボルグ地区の労働者の子供たち：ペテルブルクの北東のはずれのヴィボルグ地区は工業化とともに工場とその労働者たちの住宅地となった。部屋は狭く、汚かった。労働者の多くは貧しかった。

壊されたアレクサンドル３世像、1917年：ロマノフ王朝は1917年３月に304年の歴史を閉じた。革命家たちは皇族たちの一掃という過激な手段に出たが、一部を残して歴代皇帝の記念碑も破壊された。

します。ニコライ帝はロシアの参戦を決め、反ドイツ感情から首都はペトログラードと改称されます。けれども戦争が長引くにつれて、ロシア経済の脆弱さが露呈されはじめます。翌年には早くも多くの将兵の犠牲を出します。

ニコライ帝はみずからモギリョフの総司令部に入って、指揮をとるという危険な行動に出ます。皇帝はこの年もラスプーチンと一八回も会っているのですが、ラスプーチンは皇帝の意向に賛成していたのです。けれども戦況は好転せず、開戦後の二年間だけで死傷者は五〇〇万人を超えています。出征した兵士の三人に一人が傷つき、死んでいったのです。

首都では皇后とラスプーチンの政治に対する容喙《ようかい》がますます増していきます。皇帝が前線に去ってからわずかのあいだに、「聖人」の気紛れによって閣僚たちが次々と更迭されていたのです。

もはや黙って見過ごすことができない段階に入ったのです。一九一六年一二月一六日夜半、皇帝の遠縁にあたるユースポフ伯爵は自分のモイカ宮殿にラスプーチンを招待します。周到な打ち合わせにしたがって、ラスプーチンに青酸カリの入った酒を飲ませて、彼の胸目掛けて発

幽閉されたニコライ２世一家：廃位されたニコライ帝一家は西シベリアのトボリスクに送られ、さらにエカテリンブルクのイパチェフ館に幽閉された。1918年７月17日夜半、ボリシェヴィキ中央からの指令で一家７人全員が銃殺された。なお写真には皇后は入っていない。

砲します。さらに身体をロープで縛って、凍結したモイカ河の氷の穴のなかに投げ込みます。この殺害計画にはドミトリー大公も加わっており、ロマノフ家の大公たちはこの企てを支持していたのです。

ニコライ帝の退位

ラスプーチンはいなくなりましたが、一九一七年に入って戦況は悪化していきます。前線の兵士たちや銃後の市民たちの食糧補給さえ日に日に難しくなっていきます。ペトログラードでは食糧は配給制となり、厳しい寒さのなか街のパン屋の店先に長い行列ができるようになります。

各種の工場も物資不足のために操業を止めざるをえません。生活と将来の不安をかかえた首都の女性たちもデモに出ますが、二月二三日の「国際婦人デー」のデモには「ツァーリを倒せ」という叫びが加わります。警備のコサック兵たちも、いつものようにデモ隊を蹴散らすことはありません。デモは翌日も続き、二五日にはゼネストに発展したのです。

けれどもニコライ帝は事の重大性をよく理解できません。軍隊の

革命１年後のレーニン：十月革命の指導者レーニンは翌年８月に狙撃されたが、大事に至らなかった。だが内戦と諸外国の干渉のために国内は疲弊し、日本軍もシベリアに出兵した。レーニンは1922年12月に病気のため引退を余儀なくされ、1924年１月に亡くなった。

力で「ペトログラードの暴動」の鎮圧をという彼の命令で、翌日の日曜日には厳戒態勢がしかれます。衝突で多くの犠牲者が出ますが、若い将兵たちは発砲を拒み、デモ隊は兵器廠を襲って武器を手にいれます。

その場に「革命」を指導するリーダーは誰もいなかったのですが、午後にはタウリーダ宮殿で、労働者代表による「ソヴィエト臨時執行委員会」、そして国会議員たちによる「臨時委員会」ができます。両者の長い交渉の末に、三月二日カデットの代表たちを中心とする臨時政府が発足したのです。

以上の経過はニコライ帝のまったく与《あずか》り知らぬところですが、臨時政府の樹立によって彼の権力はすべて失われたも同然です。「譲位」の進言に対して、ニコライ帝は実弟のミハイル大公を摂政として、アレクセイ皇太子を立てることを考えます。皇太子の病気は最後の最後まで隠されていたのです。けれども「ロマノフ王朝を倒せ」という首都の激しい抗議行動をみて、ミハイル大公は摂政の受諾を拒みます。こうして三〇〇年記念祭のわずか四年後、ロマノフ王朝は最期を迎えます。三月三日臨時政府の樹立の声明がなされ、翌日ニコライ帝の退位勅書が公にされたのです。

こうして帝政ロシアは最期を迎えます。臨時政府は一家を幽閉するとともに、外国とくにイギリスへの亡命の道を探ります。けれどもうまくいかず、そうする間に四月に亡命先から帰国したレーニンのボリシェヴィキによる「十月革命」が遂行され、激しい内戦が始まります。皇帝一家はトボリスク、そしてエカテリンブルクに護送され、そこで全員銃殺されます。一九一八年七月一七日のことです。「反革命」軍の攻勢によって、皇帝が彼らに利用される危険が生じたためです。殺害されたエカテリンブルクの館の跡には、かつてのアレクサンドル二世と同じく、「血の上の」という名称の教会が建設されています。

あとがき

歴史の評価はたいへん厄介な問題です。かつて帝政ロシアの政治体制は厳しく批判され、社会の「暗部」が強調されてきました。少数の「異論派」はおりましたが、ソヴィエトの歴史家たちの多くは体制に対する批判的な思想や運動の考察に焦点を当ててきたのです。けれどもソヴィエト体制が崩壊すると帝政期の見直しが始まり、評価が逆転した政治家も少なくありません。このような問題はどの国の歴史研究でも必ずみられることです。ロシアの場合いささか落差が大きいような気がしますが、問題は同じです。したがって歴史をみる場合、「断絶」だけに目を奪われていてはダメで、常に「連続」という側面も考えておかなければならないのです。

本書で私は帝政ロシアの社会とそこに生きた人びとについてできるだけバランスを重視して、平易に述べることを心がけました。また「図説」シリーズの一冊ということもあって、十九世紀ロシアの絵画を二〇点ほど掲載することができました。「西洋美術史」のテキストにはロシアの優れた画家たちが取り上げられることが少ないのは不思議なことですが、それはともかく編集担当の村松恭子さんにはいろいろとご面倒をおかけしました。記してお礼申しあげます。

土肥恒之

二〇〇九年一月七日

主な参考文献

◆保田孝一『最後のロシア皇帝ニコライ二世の日記』朝日新聞社　1985

◆石川郁男『ゲルツェンとチェルヌイシェフスキー』未来社　1988

◆桂川甫周著、宮永孝訳・解説『北槎聞略　大黒屋光太夫ロシア漂流記』雄松堂出版　1988

◆中村喜和『聖なるロシアを求めて』平凡社　1990

◆田中陽児・倉持俊一・和田春樹編『世界歴史大系　ロシア史』第二巻　山川出版社　1994

◆原暉之『ウラジオストク物語』三省堂　1998

◆藤本和貴夫・松原広志編著『ロシア近現代史』ミネルヴァ書房　1999

◆矢沢英一『帝政ロシアの農奴劇場』新読書社　2001

◆和田春樹編『新版世界各国史　ロシア史』山川出版社　2002

◆松木栄三編訳『ピョートル前夜のロシア　亡命外交官コトシーヒンの手記』彩流社　2003

◆橋本伸也『エカテリーナの夢、ソフィアの旅』ミネルヴァ書房　2004

◆和田春樹『テロルと改革』山川出版社　2005

◆沼野充義・沼野恭子『世界の食文化　ロシア』農文協　2006

◆土肥恒之『ロシア・ロマノフ王朝の大地』「興亡の世界史」第14巻　講談社　2007

◆森永貴子『ロシアの拡大と毛皮交易』彩流社　2008

◆トゥルゲーネフ『ロシヤおよびロシヤ人』山本俊朗訳　広文堂書店　1962

◆プーシキン『プガチョーフ叛乱史』草鹿外吉訳　現代思潮社　1971

◆フォン・ラウエ『セルゲイ・ウィッテとロシアの工業化』菅原崇光訳　勁草書房　1977

◆イリヤ・レーピン『ヴォルガの舟ひき』松下裕訳　中央公論社　1986

◆オーウェン『未完のブルジョアジー』野口建彦・栖原学訳　文眞堂　1988

◆ギリャロフスキー『帝政末期のモスクワ』村手義治訳　中公文庫　1990

◆ギリャロフスキー『わが放浪　わが出会い』村手義治訳　中公文庫　1990

◆スイチン『本のための生涯』松下裕訳　図書出版社　1991

◆シャップ『シベリア旅行記』永見文雄訳　17・18世紀世界大旅行叢書⑨　岩波書店　1991

◆ドミニク・リーベン『ニコライ二世』小泉摩耶訳　日本経済新聞社　1993

◆ジョージ・ケナン『シベリアと流刑制度』全二巻　左近毅訳　法政大学出版会　1996

◆マックス・ウェーバー『ロシア革命論』全二巻　雀部幸隆・肥前栄一他訳　名古屋大学出版会　1997、1998

◆スミス、クリスチャン『パンと塩　ロシア食生活の社会経済史』鈴木健夫他訳　平凡社　1999

◆ベーリュスチン『19世紀ロシア農村司祭の生活』白石治朗訳　中央大学出版部　1999

◆カレル=ダーンコース『エカテリーナ二世』全二巻　志賀亮一訳　2004

◆バーンズ『クリュチェフスキー　ロシアの歴史家』清水昭雄・加藤史朗・土肥恒之訳　彩流社　近刊

◆Hoskins, G *Russia. People and Empire.* Harvard UP., 1997

◆Mironov,B.N *The Social History of Imperial Russia, 1700-1917* 2vols. Westview Press, 2000

◆Figes,O *Natasha's dance. A Cultural History of Russia*, Penguin Books, 2003

西暦	ロシア	その他の世界
1799	ロシア・アメリカ会社の設立	
1801	クーデタによりパーヴェル殺害。アレクサンドル1世が即位	
1802	参議会廃止と8省設置。大臣会議の創設	
1804		ロシア使節レザノフが長崎に来航
1806	カラムジーン『ロシア国家史』の刊行開始（～1826）	
1810	国家評議会の設置	
1812	ナポレオンのロシア遠征。モスクワ大火	
1814	アレクサンドルのロシア軍、パリ入城	
1825	ニコライ1世即位。デカブリストの蜂起	
1830	スペランスキーによる『ロシア帝国法大全』の編纂始まる	
1832	「名誉市民」身分の創設	
1834	カフカース戦争（～1861）	
1836	グリンカのオペラ「皇帝に捧げた命」、チャアダーエフ『哲学書簡』発表	
1837		イギリスでヴィクトリア女王即位
1840		アヘン戦争起こる
1842	ゴーゴリの小説『死せる魂』第1部発表	
1848	ヨーロッパ革命にロシア軍を派遣。ペトラシェフスキー事件起こる	
1851	モスクワ～ペテルブルク間の鉄道開通	
1853	クリミア戦争始まる	
1855	ニコライ1世死去、アレクサンドル2世即位	
1856	パリ条約。「上からの解放」の準備	
1861	農奴解放令。「大改革の時代」の開始	リンカーンがアメリカ大統領に就任。 アメリカで南北戦争起こる（～1865）
1864	ゼムストヴォ制度の導入。司法改革始まる	
1866	カラコーゾフ事件。ドストエフスキー『罪と罰』発表	
1867		マルクス『資本論』第1巻刊行
1868	中央アジアのサマルカンドとブハラ占領	
1874	「民衆のなかへ」運動始まる	
1875		日露間で樺太千島交換条約
1878	トルコとサン・ステファノ条約を結ぶ	
1881	アレクサンドル2世暗殺。アレクサンドル3世が即位。専制護持の詔書	
1882	ポグロムが頻発し、ユダヤ人特別規定を制定	
1882	マルクス主義結社「労働解放団」の設立	
1891	シベリア横断鉄道の建設着工。南ロシアで大飢饉が発生	大津事件起こる
1892	セルゲイ・ヴィッテが財務大臣に就任	
1894	ニコライ2世が即位	日清戦争始まる
1897	金本位制の導入。初めての国勢調査	
1898	モスクワ芸術座の設立	米西戦争始まる
1901	エスエル党結成。宗務院がトルストイを破門	
1903	社会民主労働党（のちの共産党）第2回大会。キシニョフでポグロム起こる	
1904	日露戦争勃発。内務大臣プレーヴェが暗殺	
1905	「血の日曜日」事件と第1次革命。日本とポーツマスで講和条約。 十月詔書による「市民的自由」の付与。カデット党の創立	孫文らが中国同盟会を結成。 アインシュタインが相対性理論を発表
1906	国家基本法（憲法）制定。国会を開設。ストルイピン首相による土地改革の開始	
1911	ストルイピン首相、キエフで暗殺	中国で辛亥革命
1912	シベリアのレナ金山労働者射殺事件。『プラウダ』創刊	
1913	ロマノフ王朝300年記念祭がおこなわれる	
1914	第一次世界大戦に参戦、ドイツに宣戦布告	
1915	霊能者ラスプーチンの皇帝夫妻への影響力が強まる	
1916	ラスプーチン殺害される。戦況の悪化	
1917	二月革命により帝政廃止、臨時政府が発足。 「十月革命」で、レーニンのボリシェヴィキが権力掌握	
1918	内戦と外国軍の干渉の開始。皇帝ニコライ一家、殺害される	

帝政ロシア略年表

西暦	ロシア	その他の世界
1613	ミハイル・ロマノフがツァーリに選出、ロマノフ王朝の始まり	
1618		三十年戦争始まる
1632	ポーランドとの間でスモレンスク戦争	
1645	アレクセイ帝が即位	
1648	モスクワで塩一揆、全国会議の召集	ウェストファリア条約締結
1649	「会議法典」が制定され、農奴制強化	
1652	総主教ニコンの教会改革始まる。モスクワ郊外に「外国人村」できる	
1654	ウクライナを併合	
1666	教会会議（～1667）で儀式改革を承認、「古儀式派」が発生	
1670	ステンカ・ラージンのドン・コサック反乱が起こる（～1671）	
1676	フョードル3世が即位	
1682	フョードル帝死去。「二人のツァーリ」体制と摂政ソフィアの統治。門地制の廃止	
1687	モスクワにスラヴ・ギリシア・ラテン・アカデミーが設立される。	
1689	クリミア遠征の失敗で、ピョートル派が政権掌握。中国・清朝との間でネルチンスク条約	
1694	ピョートル１世の親政開始	
1695	第１次アゾフ遠征。翌96年第２次遠征でオスマン帝国を破る	
1697	西欧へ「大使節団」を派遣し、「外国人」を大量雇用	
1700	スウェーデンとの大北方戦争の開始、「ナルヴァの戦い」で敗れる	
1703	サンクト・ペテルブルクの建設開始	
1705	徴兵令の実施。アストラハンの蜂起	
1707	ブラーヴィンの反乱	
1708	ロシア全国を８県に分けるなど、地方・軍制改革の実施	
1709	「ポルタヴァの戦い」でカール12世のスウェーデン軍に勝利	
1712	モスクワからサンクト・ペテルブルクに遷都	
1714	ハンゴー沖海戦でスウェーデン海軍に勝利。算術学校の設立。貴族に通学義務	
1718	皇太子アレクセイ事件。参議会の設置	
1719	全国人口調査の実施	
1721	「ニスタットの和平」で大北方戦争終結。 ピョートルに「皇帝」「大帝」「祖国の父」の称号が与えられ、ロシア帝国が成立	
1722	帝位継承法の制定。官等表の公布	
1724	人頭税の導入。ポソシコフの『貧富の書』	
1725	ピョートル大帝が死去、エカテリーナ1世が即位。科学アカデミーの設立	
1726	最高枢密院の設置	
1727	ピョートル２世が即位	
1730	専制権力制限の試み失敗。アンナ・イワノーヴナが即位	
1731	陸軍幼年学校の設立	
1740		オーストリア継承戦争始まる
1741	クーデタによりイワン６世退位。エリザヴェータ・ペトローヴナが即位	
1753	国内関税の撤廃	
1754	ペテルブルクに冬宮を建設。貴族貸付銀行の開設	
1755	モスクワ大学の開設	
1761	ピョートル３世が即位	
1762	「貴族の解放令」発布。クーデタにより女帝エカテリーナ２世が即位	
1767	法典編纂委員会を招集。「訓令」の発表	
1772	第１次ポーランド分割。（第２次は1793年、第３次は1795年）	
1773	プガチョフの大反乱が起こる（～1775）	
1774	オスマン帝国とクチュク・カイナルジ条約を結び、黒海へ進出	
1775	地方行政基本法発布	アメリカ独立戦争（～1783）
1776	ポチョムキンにより黒海艦隊が編制される	
1783	クリミア・ハン国を併合。ウクライナに農奴制の導入	
1785	貴族と都市への恵与状	
1789		フランス革命
1792		ロシア使節ラクスマンが根室に来航
1796	エカテリーナが死去、パーヴェルが即位	

◉著者略歴

土肥恒之（どひ・つねゆき）
一九四七年、北海道生まれ。小樽商科大学卒業、一橋大学大学院社会学研究科博士課程修了。現在、一橋大学大学院社会学研究科教授。
主な著書に『ステンカ・ラージン』『岐路に立つ歴史家たち』（ともに山川出版社）、『ピョートル大帝とその時代』（中公新書）、『〈死せる魂〉の社会史』（日本エディタースクール出版部）、『ロシア・ロマノフ王朝の大地』（興亡の世界史　第14巻　講談社）ほか。

ふくろうの本

図説　帝政ロシア　光と闇の二〇〇年

二〇〇九年　二　月一八日初版印刷
二〇〇九年　二　月二八日初版発行

著者……………土肥恒之
装幀・デザイン……ヒロ工房
発行者…………若森繁男
発行……………河出書房新社
東京都渋谷区千駄ヶ谷二-三二-二
電話　〇三-三四〇四-一二〇一（営業）
〇三-三四〇四-八六一一（編集）
http://www.kawade.co.jp/
印刷……………大日本印刷株式会社
製本……………加藤製本株式会社

ISBN978-4-309-76124-4